FACULTÉ DE DROIT DE DIJON

THÈSE

POUR

LE DOCTORAT

PAR

H. CARMAGNOL

Avocat

DU BÉNÉFICE D'INVENTAIRE

DIJON

IMPRIMERIE ET LITHOGRAPHIE EUGÈNE JOBARD

1865

THÈSE

POUR

LE DOCTORAT

SOUTENUE LE 7 AVRIL 1865

Par Henri CARMAGNOL

d'Avallon (Yonne)

SOUS LA PRÉSIDENCE DE M. MORELOT

Chevalier de la Légion d'honneur, Doyen de la Faculté

DU BÉNÉFICE D'INVENTAIRE

DIJON

IMPRIMERIE ET LITHOGRAPHIE EUGÈNE JOBARD

1865

A la Mémoire vénérée de mes Grand'Mères

A MON PÈRE, A MA MÈRE

DROIT ROMAIN

Des différents héritiers; — Comment ils acquièrent et sont tenus; — Des divers bénéfices qui leur furent successivement accordés.

On appelle hérédité l'universalité des droits actifs et passifs d'un défunt, et succession, la transmission à titre universel de cette hérédité de la personne du défunt ou *de cujus* en la personne de l'héritier.

A Rome, nous trouvons deux espèces de successions; suivant que la transmission a lieu par la volonté du défunt, ou par la volonté de la loi, la succession est ou testamentaire ou *ab intestat*, partant nous trouvons aussi deux espèces d'hérédités : l'hérédité testamentaire et l'hérédité *ab intestat*, et deux espèces d'héritiers, les héri-ters testamentaires et les héritiers *ab intestat*. La suc-cession testamentaire était la plus favorable aux yeux des jurisconsultes romains; aussi la loi n'intervenait-elle pour fixer la dévolution de l'hérédité qu'à défaut de manifestation formelle de la part du *de cujus*. Mais si les héritiers sont, au point de vue de leur vocation à l'hérédité, testamentaires ou *ab intestat*, ils sont, au point de vue de l'acquisition qu'ils en font, divisés par les textes en trois classes : ils sont nécessaires, ou siens et nécessaires, ou enfin externes. *Heredes autem aut neces-sarii dicuntur, aut sui et necessarii, aut extranei* (*Inst.* de Just., liv. II, tit. xix, *princip.*).

Voyons en quelques mots les principes du droit romain sur l'ouverture de la succession et l'acquisition de l'hérédité. Ces deux événements ne doivent pas être confondus, car ils n'ont pas toujours lieu en même temps.

La succession *ab intestat* ne s'ouvre que quand il est certain qu'il n'y aura pas de succession testamentaire. Quant à la succession testamentaire, elle s'ouvre au moment du décès du *de cujus*, quand l'institution est pure et simple ; à la réalisation de la condition, quand cette institution est conditionnelle.

L'acquisition n'a lieu à l'ouverture que pour les héritiers nécessaires ou siens et nécessaires ; nous le verrons plus loin. Pour les héritiers externes au contraire, elle n'a lieu que postérieurement à l'ouverture, c'est-à-dire au moment de l'adition. L'ouverture marque donc l'époque où les héritiers acquièrent *ipso jure*, ou du moins peuvent acquérir. Mais le droit, quoique ouvert, ne devient transmissible qu'après l'acquisition. Pour les héritiers nécessaires, l'ouverture, l'acquisition et la transmissibilité sont simultanées. Pour les héritiers externes, *non adita hereditas, non transmittitur*. Si donc nous supposons l'héritier externe institué sous condition, la transmissibilité n'a lieu, ni au décès, car le droit ne peut être transmis avant son ouverture, laquelle n'a lieu qu'à la réalisation de la condition, ni même à la réalisation de la condition, car il y a bien ouverture du droit, mais il n'y a pas encore acquisition, laquelle suivra nécessairement l'ouverture. Notons en passant que si la conditionnalité empêche la transmissibilité dans les dispositions testamentaires, il n'en est pas de même dans les contrats. Car tout contrat est fait pour augmenter ou diminuer un patrimoine ; il est donc naturel que les effets d'un contrat, même conditionnel, affectent le patrimoine, profitent par conséquent ou nuisent aux héritiers qui doivent recueillir ce patrimoine tel que l'a laissé le *de cujus.*

Dans les dispositions testamentaires, au contraire, ce qu'il faut rechercher, c'est l'intention du testateur. L'héritier doit avoir ce que le testateur a voulu et de la manière qu'il l'a voulu : le testateur, en instituant telle personne pour son héritier, a voulu que cette personne profitât de sa disposition et non pas ses représentants. Tant que cette personne n'aura pas profité et fait l'acquisition, car pour profiter il faut acquérir, ses représentants ne pourront profiter en rien. Tout ce qui retardera donc ou empêchera l'acquisition, retardera ou empêchera la transmissibilité.

La division tripartite des héritiers est de pur droit civil, aussi **Cujas** et **Vinnius** la critiquent et en présentent une bipartite qui leur semble préférable. Suivant eux, les héritiers sont ou nécessaires ou volontaires : néces-

saires, ce sont les esclaves ; volontaires, ce sont les héritiers externes et les héritiers siens et nécessaires, depuis que le préteur, au moyen du bénéfice d'abstention,
les a pour ainsi dire assimilés aux héritiers externes.

Quoi qu'il en soit de cette division, nous allons,
comme les textes des *Institutes* de Justinien, passer en
revue successivement chacune de ces trois classes d'héritiers.

1° Héritiers nécessaires.

Les héritiers nécessaires sont, avons-nous dit, les
esclaves (1).

Pour que l'esclave soit héritier nécessaire, il faut
le concours de plusieurs conditions :

Première condition. — Il faut que l'esclave se trouve *ex
jure quiritium* sous la puissance du maître qui l'a institué,
à l'époque de la confection de son testament, sans cela il
n'aurait pu recevoir la liberté de son maître, et pour être
héritier, il fallait qu'il fût libre. Autrefois, la liberté devait lui être donnée expressément par le testament ;
sous Justinien, l'institution, par elle seule, emporte la
concession de la liberté.

Deuxième condition. — Il faut que l'esclave se trouve
encore sous la puissance du testateur à l'époque de son
décès, peu importe du reste sa position dans l'intervalle
qui a séparé la confection du testament du décès. Sans

---

(1) Doneau les définit ainsi : « Heres necessarius est servus a domino
heres institutus cum libertate, ita ut ex testamento hereditatem simul et
libertatem capiat. » *Comment. ad,* tit. xxx, lib. VI, Cod. *De jure delib.*

cela, de deux choses l'une : ou bien il a été affranchi depuis le testament, et se trouve affranchi encore au décès, alors il acquérera l'hérédité pour lui, comme héritier externe; ou bien il a été vendu, et se trouve, au décès du testateur, sous la puissance d'un autre maître, dans ce cas, il acquérera pour son maître et par ordre de ce maître, il sera donc encore héritier externe par rapport au testateur.

Troisième condition. — Pour être héritier nécessaire, il faut recevoir du testateur lui-même la liberté et l'hérédité. Un maître chargé d'affranchir son esclave ne peut donc en faire un héritier nécessaire (Dig., lib. XXVIII, tit. v, l. 84.) Peu importe que l'une ou l'autre, soit l'hérédité ou la liberté, lui aient été données conditionnellement. En pareil cas, il est de prin-cipe que la condition apposée à l'une ou à l'autre tient les deux en suspens.— L'esclave qui réunit les trois con-ditions que nous venons d'énumérer, est donc héritier nécessaire. Il est héritier nécessaire en ce sens qu'il est héritier, qu'il le veuille ou non, *sive velit, sive nolit.* En effet, pourquoi un maître n'aurait-il pas pu rendre héritier un esclave qu'il avait le droit de tuer impu-nément? Il devient héritier de plein droit, du jour de l'ouverture de la succession, sans qu'il soit nécessaire d'un acte de volonté de sa part. Peu importe alors qu'il soit *furiosus,* impubère ou même *infans.*

Cette faculté qu'avait le maître de faire de son es-clave un héritier nécessaire, lui offrait un immense avantage, au cas où il ignorait si son patrimoine pour-rait suffire à désintéresser tous ses créanciers. En insti-

tuant son esclave, il évitait pour sa mémoire l'infamie
attachée par les lois romaines à la *venditio bonorum*, infamie qui entraînait même pour le débiteur insolvable
certaines incapacités qu'il est assez difficile aujourd'hui
de préciser. La *venditio*, au lieu d'être faite sous le nom
du maître, était faite sous le nom de l'esclave; aussi,
la plupart des citoyens romains avaient-ils la coutume
de substituer en fin de compte, aux divers héritiers
qu'ils instituaient dans leur testament, un de leurs esclaves qui, comme héritier nécessaire, était forcé de
recueillir l'hérédité. Cette *venditio bonorum* (vente en
bloc) fut plus tard remplacée par la *distractio bonorum*
qui était une vente en détail, mais qui n'en entraînait
pas moins l'ignominie contre le débiteur insolvable.

Dans la rigueur de l'ancien droit, les esclaves institués héritiers de plein droit, étaient responsables et tenus
de toutes les dettes du défunt, non seulement sur les biens
du défunt, mais encore sur tous les biens qu'ils pouvaient acquérir par leur industrie privée ou par les libéralités d'autrui.

BÉNÉFICE DE SÉPARATION *(beneficium separationis).*

Le droit prétorien, dans sa sage équité, vint remé-
dier à cet état de choses, en accordant à l'esclave héritier nécessaire un bénéfice important, connu dans la
doctrine sous le nom de bénéfice de séparation, *beneficium separationis.* (Dig., lib. XLII, tit. vi, l. 1. § 18.)

Grâce à ce bénéfice, l'esclave peut séparer du patrimoine du défunt, soustraire à la vente les biens qu'il

acquérait lui-même depuis le décès, en n'abandonnant aux créanciers du défunt que ceux qu'il avait trouvés dans la succession. L'esclave, désormais, n'était plus exposé qu'à encourir l'ignominie résultant de la *venditio bonorum.*

Mais l'obtention de ce bénéfice était soumis au concours de deux conditions :

1° L'esclave héritier nécessaire ne doit pas mêler ses biens propres à ceux de son maître ; en d'autres termes, il ne doit pas toucher aux biens de son maître : « *Si non attigerit bona patroni.* » (L. 1, § 18, cod. tit.)

2° Il doit demander la séparation au préteur qui lui accordera par un décret « *impetrare separationem.* » (L. 1, § 18. cod. tit.)

S'il a satisfait à ces deux conditions, lorsque la vente aura lieu, on n'y comprendra que les biens héréditaires et non pas ceux qu'il a acquis postérieurement au décès, par son industrie privée ou les libéralités d'autrui. Au cas où des rentrées héréditaires nécessiteraient une nouvelle vente, on n'y comprendra pas davantage les biens qu'il aura acquis jusqu'à cette époque. C'est ce que nous dit le paragraphe 155 des *Instit.* de Gaius, *Com.* II.

« *Pro hoc tamen incommodo illud ei commodum præstatur, ut ea quæ post mortem patroni sibi adquisierit, sive ante bonorum venditionem, sive postea, ipsi reserventur.* Et la seconde phrase continue : « *Et quamvis pro portione bona venierint,* » quoique le prix de la vente des biens du défunt n'ait servi à désintéresser ses créanciers que pour une portion de leur créance, la séparation n'en

produira pas moins ses effets, à savoir, que si des rentrées héréditaires nécessitaient une seconde vente (*iterum*
du texte), les biens acquis par l'esclave depuis la première vente, ne seront pas vendus « *ex hereditaria cau-*
sa, cum cæterorum hominum quorum bona venierint pro por-
tione, si quid postea adquirant, etiam sœpius bona venire
solent. »

Que veulent dire ces mots du texte que nous avons
omis à dessein pour les expliquer séparément : « *Iterum*
ex hereditaria causa bona ejus non venient, nisi si quid ei
ex hereditaria causa fuerit adquisitum, velut si Latinus
adquisierit, locupletior factus sit. »

Nous avons dit que si de nouvelles rentrées héréditaires venaient à nécessiter une seconde vente, les biens
acquis depuis la première par l'esclave qui a obtenu le
bénéfice de séparation, n'étaient pas compris dans cette
seconde vente, alors même que le prix obtenu par la
première n'eût pas été suffisant pour désintéresser intégralement tous les créanciers. Les biens acquis depuis
le décès lui sont réservés, on en excepte pourtant ceux
qu'il acquiert *ex hereditaria causa* ; car tout ce qu'il acquiert *ex hereditaria causa* est le gage des créanciers :
« *Velut si Latinus adquisierit* ; suppléons *ex eo quod*, et
lisons le texte, *velut si, ex eo quod Latinus adquisierit, locu-*
pletior factus sit. »

Ces derniers mots du texte de Gaius ont trait à l'acquisition que peut faire l'esclave héritier nécessaire, ou
mieux l'hérédité du maître du chef d'un Latin Junien,
qui vient à mourir postérieurement au testateur et à la
première vente dans notre hypothèse.

Le Latin Junien est un affranchi placé dans une position intermédiaire entre les affranchis citoyens romains
et les affranchis déditices. Durant sa vie, le Latin Junien
demeure dans une liberté de fait, que le préteur fera
respecter au besoin (§ 56, *Com.* III, *Instit.* Gaius);
mais il meurt esclave, si toutefois il n'a pas profité des
moyens à lui offerts par la loi pour devenir citoyen romain. Mourant esclave, son patrimoine dont il a eu l'administration et la disposition durant sa vie, passe à sa
mort au patron ou à l'hérédité du patron, en qualité de
pécule (§ 56 et 58, *Com.* III, *Inst.* Gaius) : « *Res eorum
jure peculii ad patronos pertinere*, et encore : « *Latinorum
autem bona, tanquam peculia servorum, etiam ad extra-
neos heredes patroni pertinent.* » L'esclave héritier nécessaire recueille donc ce pécule *ex hereditaria causa*, il ne
peut donc le séparer des biens héréditaires, pour le
soustraire aux créanciers du défunt.

Mais outre les biens que l'esclave a acquis depuis le
décès, par son industrie privée et par les libéralités
d'autrui, s'il a satisfait aux conditions qui lui sont imposées, il séparera encore, à son profit, les créances qu'il
peut avoir contre le défunt. C'est ce que nous dit la loi
précitée : « *Quidquid postea adquisierit, separetur, sed et si
quid ei a testatore debetur.* » Ce texte présente une difficulté : il permet à l'esclave de séparer ce que le testateur
lui doit. Comment l'esclave peut-il être créancier de son
maître? Il ne peut l'être que naturellement. Peut-on
admettre que l'esclave pût séparer son pécule? Non, cela
est inadmissible; le pécule faisait partie de la succession
du maître, et avec le pécule, les créances qui le compo-
saient.

Voici le cas unique où ces mots reçoivent leur application (*Inst.* Gaius, §244, *Com.* II). Peut-on valablement
léguer à l'esclave quand il est sous la puissance de l'institué ? Sabinus et Cassius pensaient que le legs pur et
simple était nul; s'il était sous condition, ils le réputaient
valable. Si le maître ne vit plus au moment de la réalisation de la condition, le legs appartenait à l'esclave, et
l'hérédité était débitrice. Dans ce cas, l'esclave créancier
et héritier nécessaire du maître qui lui devait son legs
sous condition, pouvait séparer sa créance des biens de
la succession.

2° Héritiers siens et nécessaires.

Sont héritiers siens ceux qui, vivant ou au moins
conçus au décès du *de cujus*, se trouvaient immédiatement sous la puissance paternelle dudit *de cujus* au moment de l'ouverture de la succession, ou s'y trouve-
raient, si le *de cujus* vivait encore. On comprend alors
comment un fils, un petit-fils, un arrière petit-fils peuvent être héritiers siens. Voici du reste la définition
donnée par Cujas qui se rapproche beaucoup de la
nôtre : « *Sui hi sunt qui in potestate morientis, et gradu
proximiores sunt delatæ hereditatis tempore.* »

Cette définition est générale ; peu importe donc qu'il
s'agisse d'une succession testamentaire ou *ab intestat.*
Voyons-en l'application à un cas spécial de succession
testamentaire. Le *paterfamilias* institue héritier son
petit-fils du vivant de l'intermédiaire, de son fils, qu'il a
aussi sous sa puissance ; il le peut valablement si, tou-

tefois, il a eu soin d'exhéréder ce dernier (car sinon le testament serait nul). Le petit-fils ici n'est pas sous sa puissance immédiate; notre définition semble donc en défaut. La loi 6, § 5 (lib. XXIX, tit. II, Dig.) nous fournit la solution. Le petit-fils n'est héritier que pour le compte d'autrui, pour son père, fils du testateur, sous la puissance duquel il est tombé par la mort du testateur. Le fils, quoique exhérédé, en vertu de la puissance paternelle qu'il a sur son fils, acquiert l'hérédité. Il est héritier de plein droit, sans adition de sa part, héritier sien et nécessaire. Le petit-fils valablement institué rendra donc l'intermédiaire immédiatement héritier sien et nécessaire. *«Patrem enim suum sine aditione faciet heredem.»*

Les héritiers dont nous parlons sont dits siens et nécessaires, *sui et necessarii :* nécessaires, car ils sont héritiers *sive velint, sive nolint,* sans adition de leur part. Ils acquièrent donc à leur insu, fussent-ils même incapables, c'est-à-dire impubères, *furiosi vel infantes* (Dig., lib. XXVIII, tit. II, l. 8) et même *peregrinantes* (Pauli *Sent.*, lib. IV, tit. VIII, § 5). Ils sont appelés siens, comme dit le texte des *Institutes* de Justinien, *quia domestici heredes sunt,* car ce sont les héritiers domestiques, les héritiers de la maison, ceux dont on peut dire tout d'abord, ce sont les héritiers du *paterfamilias; et vivo quoque patre,* ajoute Justinien, *quodammodo domini existimantur,* car ils sont pour ainsi dire copropriétaires avec le *paterfamilias* même de son vivant, de sorte qu'après sa mort, quand ils recueillent sa succession, ils sont plutôt considérés comme se succédant à eux-mêmes. C'est cette idée qui justifie aussi ces mots que nous trouvons dans les *Sentences* de Paul : « *Suis heredibus adeo a morte testatoris rerum hereditarium dominium continuatur* » (lib. IV, tit. vιιι, § 6); si ce *dominium* est continué, c'est donc qu'il existait auparavant.

Cette copropriété s'explique parfaitement avec la nécessité absolue où se trouvait le testateur d'exhéréder formellement ses héritiers siens, alors même qu'il aurait institué d'autres héritiers. Si son silence à leur égard ne suffit pas, c'est donc qu'ils ont sur son hérédité quelque droit préexistant. Cette copropriété entre le *paterfamilias* et ses héritiers siens se concilie peu avec les idées que nous avons sur la constitution aristocratique de la famille romaine. Quoi qu'il en soit, voilà les raisons que Justinien nous donne de leur qualification de *sui*. Au reste, ne pourrait-on pas trouver dans le droit une application de cette idée de copropriété dont Justinien, du reste, ne parle qu'après Gaius (*Inst.*, *Com.* II; § 157). M. Demangeat, dans son *Cours élémentaire de Droit romain*, en trouve une application qui me semble bien précise. Dans la division du peuple en classes qu'opéra Servius Tullius et qui reposait sur l'institution du cens, se trouvaient compris tous les citoyens romains. « Il paraît certain, écrit l'auteur, que les fils de famille qui n'ont point de patrimoine à eux pouvaient néanmoins être compris dans les classes : c'est d'après l'importance du patrimoine de leur père qu'ils étaient inscrits dans telle classe ou dans telle autre. » (Tite-Live, XXIV, 11.) Et en note, il ajoute : « Il y a là une application de ce que dit Gaius (*Com.* II, § 157) : *Sui heredes ideo appellantur quia domestici heredes sunt, et vivo quoque parente, quodammodo domini existi-*

mantur. » (Demangeat, *Cours élémentaire*, t. I, p. 56 et note 1.)

Le lien intime qui unit le *paterfamilias* à ceux qui sont ses héritiers siens, emporte cet effet important, à savoir, que si le fils héritier sien vient à mourir dans l'ignorance complète du décès du *paterfamilias*, il transmettra à ses héritiers, quels qu'ils soient, cette hérédité qu'il a pour ainsi dire acquise de plein droit.

BÉNÉFICE D'ABSTENTION *(Jus abstinendi.)*

Les héritiers siens, avons-nous dit, sont héritiers *sive velint, sive nolint.* Et c'est en ce sens qu'ils sont qualifiés d'héritiers nécessaires, par opposition aux héritiers volontaires ou externes.

Le préteur intervint encore ici pour modifier la rigueur de l'ancien droit civil. Comme aux esclaves il avait accordé le bénéfice de séparation, aux héritiers siens il accorda le bénéfice d'abstention.

Pour donner une idée exacte de ce bénéfice, il nous faut le comparer avec le bénéfice de séparation. De cette comparaison il résulte trois différences qui vont nous faire connaître la vraie nature du droit d'abstention.

Première différence. — Le *jus abstinendi* a lieu de plein droit, tandis que le bénéfice de séparation a besoin d'être demandé et accordé par un décret du préteur (Dig., lib. XXIX, tit. II, l. 12).

Deuxième différence. — Le bénéfice de séparation n'empêche pas ceux qui l'ont obtenu de pouvoir être poursuivis, mais tout au moins ils ne peuvent l'être que jusqu'à concurrence des biens héréditaires.

Ceux qui, au contraire, usent du *jus abstinendi* ne peuvent être aucunement poursuivis. « *Nulla actio in eos detur.* » (Dig., lib. XXIX, tit. II, l. 57 *princip.*)

Troisième différence. — Malgré le bénéfice de séparation, la *venditio bonorum* a lieu sous le nom de l'esclave héritier nécessaire, et celui-ci encoure l'ignominie. Au contraire, par l'abstention, l'héritier sien se met en dehors des biens du *paterfamilias*, la vente a lieu sous le nom du défunt et n'entraîne pour l'héritier aucune ignominie.

L'abstention est un fait purement passif de l'héritier ; il n'a qu'à ne pas s'immiscer dans l'hérédité de son père : mais est-il vrai absolument que l'héritier n'ait rien à faire du tout pour en jouir ? Je ne le crois pas, en présence de la loi 71, § 4 (Dig., lib. XXIX, tit. II) : « *Si quis suus se dicit retinere hereditatem nolle,* » et du § 9 de la même loi, qui distingue suivant qu'il détourne quelque chose de l'hérédité après s'être abstenu, ou qu'il s'abstient après avoir détourné ; ce qui implique nécessairement qu'il a quelque chose à faire pour s'abstenir. Mais qu'aura-t-il à faire ? Je crois que de la combinaison de ces deux lois il résulte que l'héritier ne sera vraiment réputé s'abstenir qu'après une déclaration de sa part. C'est, au surplus, l'opinion de Doneau, qui s'exprime ainsi : « *Abstinere se intelligitur suus heres, cum hoc de voluntate sua est testatus, non tantum si in judicio et jure id faciat, sed etiam si extra judicium quovis loco.* » (*Com. ad,* tit. XXXI, lib. VI, Cod.) Mais il ne lui est pas toujours loisible de s'abste-

nir. S'il vient à s'immiscer dans les biens héréditaires,
l'abstention lui est désormais interdite. Il n'y a donc jamais d'adition pour les héritiers siens; l'acte qui leur
enlève le droit de s'abstenir, c'est l'immixtion. C'est
donc l'immixtion qui les engage vis-à-vis des créanciers
du *paterfamilias*. Pour que l'immixtion les engage, il faut
qu'ils soient capables de s'engager. Si l'héritier sien
était donc en démence ou impubère, son immixtion ne
l'engagerait pas (Dig., lib. XXIX, tit. II, l. 11 et 57
princip.). La loi 11 notamment s'exprime ainsi : « *Im-
puberibus liberis omnimodo abstinendi potestas sit; puberibus autem ita, si se non immiscuerint.* »

A l'héritier sien même pubère, le § 1 de la loi 57
permet de revenir sur son immixtion et d'obtenir, par
la *restitutio in integrum*, s'il est mineur de vingt-cinq ans,
le droit de s'abstenir, s'il s'est immiscé témérairement
dans une hérédité dangereuse, « *si temere damnosam hereditatem parentis appetierint.* »

Pour savoir si l'immixtion entraine dans tous les cas
pour l'héritier sien la perte du droit d'abstention, la
loi 71, § 9 (Dig., lib. XXIX, tit. II), s'occupant d'un cas
spécial d'immixtion, à savoir du détournement *(amotio)*
des choses héréditaires par l'héritier sien, distingue,
suivant qu'il a lieu avant sa déclaration d'abstention, ou
après : si le détournement a lieu avant sa déclaration,
et c'est à ce cas que se réfèrent le § 4 de la même loi :
« *Si quis suus se dicit retinere hereditatem nolle, aliquid
autem ex hereditate amoverit, abstinendi beneficium non habe-
bit,* » et les premiers mots du § 9. Sa déclaration, dans
ce cas, est inutile; le droit d'abstention lui est interdit.

Mais si le détournement n'a lieu qu'après sa déclaration d'abstention, devons-nous admettre la même solution que dans le cas précédent? Ulpien, à qui est empruntée la loi 71, nous dit, au § 9, que cette question avait divisé les deux grandes écoles des jurisconsultes romains. Il se range à l'opinion des Sabiniens, qui est, en effet, la plus logique. L'héritier sien, dans cette circonstance, sera obligé envers les créanciers par l'action de vol; « *etenim*, ajoute le texte, *qui semel se abstinuit, quemadmodum ex post delicto obligatur.* »

Nous avons vu plus haut qu'aucune action ne peut être accordée aux créanciers héréditaires contre l'héritier sien qui s'est abstenu : néanmoins, il ne doit pas être pour autant assimilé à un héritier qui a répudié; car, malgré son abstention, il reste héritier : il est vrai que ce ne sera pour lui qu'un vain titre, tant qu'il persistera du moins dans son abstention.

Mais ce titre d'héritier, que nous lui conservons, produira à son avantage deux conséquences pratiques importantes, dont l'énoncé va nous faire saisir la différence de nature qui existe entre la répudiation et l'abstention.

Première conséquence. — Au cas où la succession n'a été appréhendée par personne, les créanciers du défunt se font envoyer en possession. Si après la vente des biens et le paiement intégral des créanciers, il reste quelque chose de l'hérédité, ce reliquat revient à l'héritier sien qui s'est abstenu. Au contraire, l'héritier externe qui aurait répudié une succession à laquelle il était appelé, y serait complètement étranger, et ne pourrait en tirer aucun émolument.

Deuxième conséquence. — Restant héritier, l'héritier qui s'est abstenu peut revenir sur son abstention, « *donec res paternæ in eodem statu permanent,* » et prendre l'hérédité, « *cum nondum bona venierint.* » (Cod., lib. VI, tit. xxxi, l. 6.)

Jusqu'à la vente des biens paternels, l'héritier sien peut donc toujours revenir sur son abstention. Mais Justinien, dans la loi précitée, fixe un délai de trois ans, après lequel le *suus* ne pourra plus revenir sur son abstention, et dans cette même loi, il explique quel sera le point de départ de ce délai.

Une fois la vente des biens paternels consommée, aucun retour sur son abstention n'est laissé au *suus*, si ce n'est pourtant encore dans le cas où la vente aurait eu lieu durant sa minorité ; alors, à l'aide d'une *restitutio in integrum*, il peut faire révoquer la vente, reprendre l'hérédité et satisfaire encore les créanciers héréditaires.

Par le bénéfice d'abstention, le préteur a enlevé aux héritiers dont nous parlons leur qualification de nécessaires. Il n'est plus vrai de dire qu'ils sont héritiers *sive velint, sive nolint ;* mais en innovant, le préteur n'a pu faire disparaître leur qualification de *sui*, ni anéantir le lien intime qui les unissait au défunt : par suite, il ne leur a pas enlevé l'effet que nous avons reconnu plus haut à cette qualité de *sui*.

Gaius nous apprend que le préteur accordait encore le bénéfice d'abstention à la femme qui se trouvait sous la *manus* du testateur, et à la bru qui se trouvait sous la *manus* de son fils, car, par rapport au testateur,

2

elles étaient bien, l'une *loco filiæ*, l'autre *loco neptis.* (*Com.* II, § 159.)

Quant aux personnes, *quæ sunt in causa mancipii,* si elles viennent à être instituées par le testateur et à recevoir en même temps de lui la liberté, elles sont bien *heredes necessarii,* car elles sont *loco servi.* Cependant par faveur le préteur leur accordait le bénéfice d'abstention; car, bien que les textes les assimilassent à des esclaves, elles n'étaient pas cependant dans un véritable esclavage. (*Inst.* Gaius, *Com.* II, § 160.)

3° Héritiers externes.

On appelle héritiers externes ceux qui, placés en dehors de la famille, sont libres d'accepter ou de répudier l'hérédité qui leur est déférée. Ils sont dits *voluntarii heredes* par les commentateurs, car ils ne peuvent être obligés de prendre l'hérédité à leurs risques et périls. En certains cas, ils peuvent bien être contraints d'accepter l'hérédité, mais alors c'est aux risques et périls d'un autre, par exemple, *ex senatusconsulto Trebelliano,* de celui à qui l'héritier est chargé de restituer l'hérédité.

A l'égard des héritiers externes, il est nécessaire, pour l'acquisition, d'un acte émané de leur volonté.

Avant d'examiner comment leur volonté doit être manifestée, voyons à quelle époque leur capacité doit exister.

Pour les héritiers externes *ab intestat,* leur capacité doit exister à l'ouverture de la succession et à l'époque de l'acquisition, mais il faut de plus qu'ils aient été au moins conçus du vivant du *de cujus*, car sans cela, aucun lien n'aurait pu s'établir entre eux.

Pour les héritiers externes institués par testament, leur capacité, ou, comme l'on dit, la *factio testamenti* avec le testateur, ou *passiva*, doit exister à trois époques :

1° A l'époque de la confection du testament. Pourquoi ?

Cela ne peut s'expliquer qu'historiquement.

Autrefois le testament se faisait *calatis comitiis* ou *per œs et libram*. Devant les comices assemblés, le testateur présentait au peuple son héritier. Dans le testament *per œs et libram*, l'*emptor familiæ*, acheteur sérieux, et prenant part à la mancipation du patrimoine du testateur, était le véritable héritier; l'héritier figurait alors et était désigné au public ; on comprend donc qu'on dût exiger de lui la capacité à cette époque. Mais plus tard, ces formes rigoureuses venant à disparaître pour faire place à d'autres, on n'en conserva pas moins ce principe ancien et qui ne s'explique plus à l'époque de Justinien. C'est qu'à Rome le droit se formait et se modifiait, sans que l'on songeât à détruire ce qui n'était pas complétement inconciliable, ni directement contraire au nouvel état des choses.

2° La capacité de l'héritier externe institué est encore requise à l'époque de l'ouverture de la succession, c'est-à-dire, rappelons-nous-le, au décès, si l'institution est pure et simple; à la réalisation de la condition, si elle était conditionnelle. Pourquoi requiert-on la capacité de l'institué à cette époque? C'est que, à ce moment-là même, le droit commence à faire impression sur la tête de l'institué; si, à cette époque, l'héritier n'acquiert pas encore, du moins il peut acquérir.

3° La capacité de l'héritier externe institué est encore requise à l'époque de l'acquisition. C'est à cette époque où il manifeste son intention d'être héritier, que le droit se fixe définitivement sur sa tête.

Quant aux époques intermédiaires, voyons si sa capacité est requise d'une part, pendant le temps qui s'écoule entre la confection du testament et l'ouverture de la succession, et, d'autre part, pendant celui qui s'écoule entre l'ouverture et l'acquisition.

Dans le premier intervalle, la capacité de l'héritier est chose indifférente ; ce qui prouve bien que la capacité à l'époque de la confection du testament n'était requise que pour la validité de l'institution. Et cela est d'autant plus remarquable, que la capacité du testateur, la *factio testamenti activa*, devait subsister durant cet intervalle du testament au décès.

Dans le second intervalle, entre l'ouverture du droit et l'acquisition, la capacité de l'héritier était exigée pendant tout le temps. Car, à partir de l'ouverture, le droit a fait impression sur sa tête, il peut acquérir. S'il devient incapable, ne fût-ce qu'un seul instant, l'impression produite disparaîtra sans qu'elle puisse renaître, car la succession aura été dévolue à ceux qui devaient venir à son défaut. (Voir sur tous ces points, *Inst.* de Justinien, lib. II, tit. xix, § 4.)

Voyons maintenant la position des héritiers externes, ce qui va nous conduire à l'étude des modes d'acceptation de l'hérédité.

Dans l'ancien droit civil, les héritiers externes étaient complètement libres d'accepter la succession ou de la répudier quand bon leur semblait. A cet égard, aucun délai péremptoire n'avait été fixé ; aussi le plus souvent, le testateur, pour éviter cette incertitude dans l'acceptation de sa succession, avait soin de fixer un délai, dit crétion (*cretio*), c'est-à-dire un certain nombre de jours, pendant lesquels l'héritier était forcé de faire l'acquisition. Ce délai était ordinairement de cent jours. Voici la formule dont se servait le testateur : « *Titius heres esto, cernitoque in centum diebus proximis quibus scies poterisque; quod ni ita creveris, exheres esto.* (*Instit.* Gaius, *Com.* II, § 165.)

Ce mot *cretio* vient de *cernere* voir. Il a, du reste, plusieurs acceptions dans le droit romain. Il s'entend d'abord de la formule du testament par laquelle le testateur accordait un délai ; c'est dans ce sens que le mot *cretio* est pris dans cette proposition : *Testamentum cum cretione*, et encore dans cette division que nous allons étudier dans un instant : *Cretio perfecta et cretio imperfecta.* Il s'entend, en second lieu, du délai lui-même accordé par le testateur ; et dans ce sens on dit que la *cretio* est *vulgaris* ou *continua.*

Il s'entend enfin de la formule sacramentelle dans laquelle l'héritier, institué *cum cretione*, était obligé de faire adition (1). Voici, du reste, cette formule sacramen-

---

(1) Le mot adition (*aditio*, c'est-à-dire *ire ad hereditatem*), s'entend de toute manifestation de volonté de la part de l'héritier tendant à prouver son intention de se porter héritier.

L'adition alors se fait *cretione, vel re*, c'est proprement la *pro herede gestio, vel verbis*, c'est ce que les textes désignent plus spécialement sous le nom d'adition. Faire adition est souvent pris dans le sens d'acquérir.

telle : « *Quod me Publius Mœvius testamento suo heredem instituit, eam hereditatem adeo cernoque.* » (*Instit.* Gaius, Com. II, § 166.)

La crétion devait être faite par l'héritier, verbalement à ce qu'il paraît, d'après le texte de Gaius ; mais elle pouvait être faite, soit dans le lieu où la succession s'était ouverte, soit ailleurs. Mais nous ne pouvons savoir exactement si elle avait lieu devant témoins on devant le magistrat. Il est probable qu'à raison de la solennité même de ce mode d'adition, elle devait se faire devant témoins.

L'héritier institué *cum cretione* n'était pas rigoureusement obligé d'acquérir l'hérédité *per cretionem*. Il pouvait encore l'acquérir, soit *nuda voluntate*, c'est-à-dire *verbis*, soit *pro herede gerendo*, c'est-à-dire *re*.

Mais, s'il avait cette faculté, il ne lui était pas indifférent d'accepter de l'une ou de l'autre de ces manières ; c'est ce que nous allons voir bientôt. Abordons la division des crétions.

La *cretio* est *continua* ou *vulgaris;* cette première distinction n'a trait qu'à la manière de computer le délai. Dans la *cretio continua*, c'est-à-dire lorsque le testateur n'a pas ajouté ces mots : « *Quibus scies poterisque,* » on compte les jours sans discontinuité, fastes ou néfastes, fériés ou non fériés, à partir de l'ouverture de la succession, qu'elle soit connue ou ignorée de l'héritier.

Dans la *cretio vulgaris* (usuelle), c'est-à-dire lorsque le testateur s'est servi de la formule énoncée plus haut, où se trouvent ajoutés ces mots : « *Quibus scies poterisque,* » on compte seulement les jours utiles, et à partir du moment où l'héritier a connu l'ouverture de la succession à son profit.

La *cretio* est *perfecta* ou *imperfecta*. Cette seconde distinction avait de l'importance, surtout au point de vue
des effets de la crétion.

Elle est *perfecta*, si le testateur, après avoir fixé le
délai, ajoute ces mots : « *Quod ni ita creveris, exheres esto,
tum Mœvius heres esto.* » Si Titius ne fait pas crétion dans
le délai, qu'il soit exhérédé, et qu'alors Mœvius soit
héritier. Elle est *imperfecta*, si le testateur a oublié ces
mots : « *Exheres esto,* » et s'est contenté de ceux-ci :
« *Quod ni ita creveris, tum Mœvius heres esto;* » s'il a, en
un mot, institué un autre héritier, sans exhéréder celui
à qui il imposait la crétion, au cas où il ne la ferait pas.
Ces testaments *cum cretione* contenaient donc souvent
des substitutions.

Ces crétions, si peu différentes au premier abord,
quant à la forme, avaient cependant des effets bien
opposés. Etudions-les rapidement. (Lib. regul. Ulp.,
tit. xxii et *Inst.* Gaius, *Com.* II, § 164 à 179.)

La *cretio* est *perfecta;* si l'institué fait la crétion dans
le délai qui lui est assigné, il écarte complétement le
substitué, sinon, ce sera le substitué qui viendra pour le
tout. · Vainement l'institué prétendrait avoir accepté
dans ce délai à lui assigné, de toute autre manière.

La *cretio* est *imperfecta;* si l'institué, dans le délai à lui
assigné, fait la crétion, il écarte le substitué. Mais s'il
fait crétion hors du délai, ou bien s'il accepte pendant le
délai ou après, *per nudam voluntatem, vel per heredis gestionem,* quel sera l'effet de cette adition ?

Avant Gaius, il y avait partage entre l'institué et le substitué. Cette solution semble étrange au premier abord ; mais elle s'explique très bien, en interprétant à la lettre la formule dont s'est servi le testateur. En effet, d'une part, le substitué, *si cretio non fiat*, voit, dans cette circonstance, se réaliser la condition sous laquelle il est appelé à l'hérédité. D'autre part, l'institué *cum cretione* n'est pas exhérédé, au cas où il ne fera pas crétion. En conséquence, il s'est porté héritier valablement. Il y a donc concours entre l'institué et le substitué : « *Concursu partes fiunt.* »

Sous Gaius, tant que l'institué *cum cretione* se trouve dans le délai à lui accordé par le testateur, eût-il déjà accepté auparavant, soit *re*, soit *verbis*, il est toujours à même de faire crétion et de repousser par là le substitué. (*Inst. Gaius, Com.* II, § 178.)

Sous Marc-Aurèle intervint un changement dont il est fait mention dans Ulpien. (Lib. regul., tit. xxii, § 34.) L'institué pourra écarter complétement le substitué, si, dans le délai, il a soin de faire crétion ou adition *per heredis gestionem* ; sinon, c'est le substitué qui écartera l'institué et recueillera toute l'hérédité : « *Quod si neque creverit neque pro herede gesserit, ipse excluditur et substitutus ex asse fit heres.* »

La crétion était encore en pleine vigueur du temps de Gaius et d'Ulpien ; peu à peu elle tomba en désuétude et fut définitivement supprimée en 407, par une constitution d'Arcadius, d'Honorius et de Théodose, qui forme au Code la loi 18. (Lib. VI, tit. xxx.)

Aussi, sous Justinien, il n'est plus question que de

deux modes d'adition : *per nudam volunt.tem vel pro herede gerendo.*

L'adition *per nudam voluntatem,* plus proprement appelée l'adition, c'est l'acquisition de l'hérédité que fait celui à qui elle est déférée, en attestant clairement sa volonté d'être héritier. Ainsi on fait adition *verbis, vel nutu, vel litteris;* c'est notre acceptation expresse. *Pro herede gerere,* c'est faire sur les biens de l'hérédité un acte de maitre. (Dig., lib. XXIX, tit. ii, l. 20.)

L'adition *per nudam voluntatem* ne peut prêter à aucune ambiguïté; au contraire de la *pro herede gestio.* Les actes, en effet, dont celle-ci découle, peuvent s'expliquer par diverses intentions. Aussi, dans ce second mode d'adition doit-on rechercher l'intention de celui qui agit. C'est pourquoi Julien, dont les paroles sont rapportées par Ulpien dans la loi 20 précitée, écrivait : «*Pro herede autem gerere non esse facti quam animi : nam hoc animo esse debet, ut velit esse heres.*»

L'adition proprement dite est rangée par Papinien au nombre des *actus legitimi* qui sont viciés par l'apposition d'un terme ou d'une condition (Dig., lib. L, tit. xvii, l. 77). L'adition serait donc nulle, si elle était faite ainsi : « *Si solvendo hereditas est, adeo hereditatem.* » (Dig., lib. XXIX, tit. ii, l. 51, § 2).

Pour que l'héritier puisse valablement acquérir l'hérédité, il faut que la succession soit ouverte et que son ouverture soit connue de celui qui fait adition *lato sensu.* (Dig., lib. XXIX, tit. ii, l. 21, § 2; *Inst.* de Justinien, lib. II, tit. xix, § 7). La loi Papia ne se contentait pas de l'ouverture, pour que l'adition fût valable. Pour mul-

tiplier les cas de caducité, elle voulait qu'on ne pût faire
adition avant l'ouverture solennelle du testament (Lib.
Regul., Ulp., tit. xvii, §1, *in fine*). Cette modification
n'existe plus sous Justinien (Cod., lib. VI, tit. Lɪ, l. 1,
§ 1). Il faut de plus qu'il sache que c'est bien lui qui est
appelé à l'hérédité. (*Eod.* § 7, *Inst.*)

L'héritier doit de plus savoir, pour faire une adition
utile, en vertu de quelle cause et comment il est appelé
à l'hérédité. Ainsi il doit savoir si le *de cujus* est mort
testat ou *ab intestat* (*Inst.*, *eod.*, § 7; Dig., lib. XXIX,
tit. ɪɪ, l. 22; — si l'institution est conditionnelle ou non,
et si la condition est accomplie. (L. 32, *eod. tit*)

Il doit de plus être certain de la condition du *de cujus*.
Mais son adition ne serait pas viciée pour cette raison,
qu'il ignorait sa propre condition à lui héritier. (Dig.,
lib. XXIX, tit. ɪɪ, l. 52 et 54.)

Si l'héritier externe est libre d'acquérir, il est libre
aussi de répudier; la répudiation de même que l'acquisition se fait *vel re, vel verbis*, ou, comme dit le texte des
Institutes : «*Sicut nuda voluntate extraneus heres fit, ita et
contraria destinatione statim ab hereditate repellitur.* »
(Lib. II, tit. xix, §7.) Pour pouvoir répudier valablement,
il faut que l'*extraneus* se trouve dans les mêmes conditions
où il pourrait valablement faire adition. (Dig , lib. XXIX,
tit. ɪɪ, l. 15, 18.) La loi 15 notamment dispose : «*Hoc ita
verum est si in ea causa erat hereditas, ut et adiri posset.*»
Et elle continue ensuite en énumérant les principales
conditions que nous avons examinées plus haut.

Pour terminer l'étude de ces modes d'adition, il ne
nous reste plus qu'à voir par qui l'adition peut être

faite. En principe, elle doit émaner de l'institué en personne, fût-il même esclave ou fils de famille. Seulement elle a lieu, pour l'un, *jussu domini*, pour l'autre, *jussu patris*. Le sourd-muet peut valablement acquérir l'hérédité, *si tamen intelligit quod agitur*. (*Inst. Just.*, lib. II, tit. XIX. § 7, *in fine*.)

L'adition ne peut valablement être faite ni par un procureur, ni par le curateur, ni par le tuteur, ni par le père de famille, ni par le maître de l'esclave.

A ce principe nous trouvons des exceptions : on permet au père de faire adition pour le fils de famille, s'il est absent ou *infans*; au tuteur, de faire adition pour son pupille *infans*. (Cod., lib. VI, tit. xxx, l. 18.)

Justinien permet aussi au curateur du *furiosus* de faire adition pour lui. (Cod., lib. V, tit. LXX, l. 7.) Le *furiosus* lui-même peut valablement faire adition, s'il est dans un intervalle lucide.

Quant à l'institué sous la puissance d'un *furiosus*, on admettait déjà dans l'ancien droit qu'il pouvait valablement faire adition par ordre du curateur du *furiosus*. (Dig., lib. XXIX, tit. II, l. 63.)

Le prodigue peut sans difficulté faire adition de l'hérédité à lui déférée. (Dig., lib. XXIX, tit. II, l. 5, § 1.)

Il était de principe dans l'ancien droit, que si l'héritier venait à mourir avant d'avoir fait adition, l'institution s'évanouissait. Ce principe reçut aussi des exceptions.

. Ainsi nous trouvons une Constitution de Théodose et de Valentinien qui forme la loi unique au Code (lib. VI, tit. LII), en vertu de laquelle tous les descendants institués par leurs ascendants, quels qu'ils soient, père, mère, aïeul, aïeule, transmettront à leurs propres descendants l'hérédité qu'ils n'ont pas encore acceptée, s'ils viennent à mourir avant l'ouverture du testament.

Une seconde exception se trouve dans la loi 18. (Cod., lib. VI, tit. xxx.) Le père, nous l'avons vu plus haut, peut faire adition pour son fils *infans;* s'il a négligé de le faire, et que cet enfant meure *infans,* le père, *jure patrio,* a le droit de prendre cette hérédité, *quasi jam infanti quæsita.*

Une troisième exception bien plus générale que les deux autres se trouve dans la loi 19. (Cod. lib. VI, tit. xxx.) D'après Justinien, toute personne qui décédera dans l'année du décès du *de cujus,* transmettra à ses héritiers, quels qu'ils soient, le droit de recueillir, pendant le reste de l'année, les successions testamentaires ou *ab intestat* ouvertes à son profit.

Nous terminons ici l'étude sommaire des divers modes offerts par la loi à l'héritier externe, pour acquérir l'hérédité. Nous nous sommes appesanti en particulier sur la crétion. Nous avons vu que son utilité principale était de fixer à l'*extraneus* un délai, où il devait, après s'être consulté, prendre parti nécessairement, sous peine, une fois le délai passé, d'être écarté de la succession et considéré comme renonçant.

Dans le droit civil, sauf le cas de cette institution spéciale *cum cretione,* l'héritier testamentaire et toujours l'héritier *ab intestat* étaient libres d'accepter ou de répudier quand bon leur semblait. Remarquons cependant qu'ils avaient intérêt, même dans l'ancien droit, à se décider promptement; car par l'usucapion *pro herede*, un tiers en possession d'un immeuble héréditaire pouvait en devenir propriétaire, sans juste titre ni bonne foi (*Inst.*, Gaius, Com. II, § 52 à 58). L'hérédité restait donc dans une incertitude préjudiciable aux créanciers et aux légataires, intéressés à savoir le plus promptement possible à qui s'adresser. Mais l'adition d'autre part, comme la répudiation, étaient des actes graves de leur nature; car, en général, ils sont irrévocables; il eût donc été injuste d'exiger de l'héritier qu'il prit parti sur le champ.

Dans ce conflit d'intérêts, le préteur intervenait et fixait à l'héritier, pour délibérer, un délai d'au moins cent jours, après l'expiration duquel, si l'*extraneus* n'avait pas fait adition, il était exclu, et l'hérédité déférée au substitué ou aux héritiers *ab intestat* (Dig., lib. XXIX, tit. II, l. 69). En d'autres termes, il était présumé renonçant. C'est ce que Gaius nous dit au § 167 du *Comment.* 2 de ses *Institutes*. Après nous avoir averti que l'héritier, à qui le testateur n'a pas imposé crétion, peut acquérir l'hérédité de trois manières : *Aut cernendo, aut pro herede gerendo, aut pro nuda voluntate*, et qu'il est libre de le faire quant bon lui semble, il continue : «*Sed solet prætor, postulantibus hereditariis creditoribus, tempus constituere, intra quod, si velit, adeat hereditatem; si minus, ut liceat creditoribus bona defuncti vendere.*» Puisque ce sont les biens du défunt que les créanciers font vendre, c'est donc qu'il n'y a point d'héritier à qui s'adresser. (Dig., lib. XXIX, tit. II, l. 60.)

Une fois la crétion abolie, dans tous les cas le préteur dut intervenir pour donner un délai à l'héritier. Le *jus deliberandi* et le délai accordé pour délibérer furent établis, non pas seulement en faveur de ceux qui avaient intérêt à ce que l'héritier prit vite parti, mais aussi en faveur de l'héritier lui-même. Aussi, d'une part, durant ce délai, le préteur ou le magistrat mettait à même les héritiers de prendre connaissance des papiers du défunt et du testament, afin de savoir au juste les charges qui leur étaient imposées (Dig., lib. XXVIII, tit. vm, l. 5 ;—Cod. lib. VI, tit. xxxu, l. 1 et 2), et, d'autre part, il interdisait toute action des créanciers contre les héritiers. Le préteur accordait à l'héritier ce délai sur la requête des créanciers de l'hérédité. Cette faculté de demander un délai appartenait de même au légataire, au substitué, au fils exhérédé qui avait intérêt à trouver quelqu'un contre qui il pût intenter la *querela inofficiosi testamenti*. C'est à propos de cette faculté pour les personnes intéressées, que Gaius nous dit : « *Solet prætor, postulantibus creditoribus tempus constituere.* » Ce délai devait être au moins de cent jours (Dig., lib. XXVIII, tit. vm, l. 2) ; mais il pouvait être plus long; on pouvait même accorder plusieurs délais successifs, mais seulement pour des motifs graves. (Dig., l. 5, 4, *cod. tit.*)

Justinien établit pour ce délai une limite raisonnable; en s'adressant au magistrat, l'héritier peut obtenir neuf mois, et une année en s'adressant à l'Empereur. (Cod. lib. VI, tit. xxx, l. 22, § 15.) On peut l'obtenir une fois, jamais deux : « *Semel enim et non sæpius eum peti concedimus.* »

Justinien modifie en outre les anciens principes. Autrefois nous avons vu que l'héritier qui n'avait pas fait adition dans le délai fixé était réputé renonçant. Pour lui, il met sur la même ligne celui qui n'a pas répudié dans le délai et celui qui a fait adition. « *Et si non intra tempus datum, recusaverit hereditatem, omnibus in solidum debitis hereditariis teneatur.* » (L. 22, § 14, *eod. tit.*)

Cet effet nouveau et exorbitant est dû à Justinien, qui s'est parfois montré jaloux à l'excès des innovations dont il était l'auteur. Le silence de l'héritier est donc regardé comme une adition de sa part.

Ce délai pour délibérer était exclusivement accordé autrefois aux héritiers externes; mais, depuis que le préteur permet aux héritiers siens de s'abstenir s'ils sont indécis sur le point de savoir s'ils veulent ou non persister dans leur abstention, ils ont intérêt à l'obtenir, pour faire surseoir jusque là à la vente des biens paternels. (Dig., lib. XXVIII, tit. viii, l. 8.) Quant aux esclaves héritiers nécessaires, jamais ils ne peuvent obtenir ce *jus deliberandi.* L'esclave d'autrui institué n'a pas le *jus deliberandi*, mais son maître peut l'obtenir. (Dig., *eod. tit.*, l. 1.)

Les effets du *jus deliberandi* peuvent être ramenés à quatre principaux :

1° Nous connaissons déjà ce premier effet. Si l'héritier qui a obtenu le *jus deliberandi* ne répudie pas dans le délai, il est réputé acceptant. (Cod., lib. VI, tit. xxx, l. 22, § 14.)

2° L'héritier qui délibère ne peut en rien disposer du patrimoine du défunt, ni le diminuer au préjudice des créanciers. Il peut cependant demander au préteur l'autorisation de vendre certaines choses, surtout celles qui sont susceptibles de se détériorer, ou dispendieuses à conserver. (Dig., lib. XXVIII, tit. viii, l. 5 et *sequent.*)

5° Nous connaissons aussi ce troisième effet. L'héritier qui meurt dans le délai à lui accordé par Justinien pour délibérer, sans s'être prononcé sur son acceptation ou sa répudiation, transmet à ses héritiers, quels qu'ils soient, le droit d'accepter ou de répudier cette même succession pendant le reste de l'année.

4° Les créanciers et légataires durant ce délai doivent s'abstenir d'agir contre l'héritier.

Le *jus deliberandi* est insuffisant pour l'héritier. En effet, d'une part, il ne donne à l'héritier qu'un délai pour pouvoir, en connaissance de cause, accepter ou répudier. D'autre part, une fois l'adition faite, même après avoir délibéré, l'héritier peut se trouver lésé par l'apparition soudaine de nouveaux créanciers inconnus jusqu'alors. Le *jus deliberandi* ne pouvait rien faire contre ce danger imprévu. Adrien, dans ce cas, il est vrai, avait accordé la *restitutio in integrum* même à un majeur de vingt-cinq ans; mais ce n'était là, comme le dit Justinien, qu'une faveur exceptionnelle.

L'empereur Gordien avait accordé aux soldats un privilége à peu près semblable. (*Inst. Just.*, lib. II, tit. xix, § 6.) Ce privilége, conservé du reste par la loi 22 au Code (lib. VI, tit. xxx, § 15), consistait non pas seulement dans la *restitutio in integrum* contre l'acceptation faite par le militaire d'une succession onéreuse, mais encore dans l'avantage de n'être tenu des dettes de la succession que *intra vires emolumenti*, malgré l'absence ou l'irrégularité de l'inventaire.

En admettant même que le bénéfice d'Adrien se fût
généralisé, ce que, pour ma part, je ne crois pas, il est
facile de voir l'insuffisance du *jus deliberandi*, qui n'offrait à l'héritier que l'alternative d'être tenu de toutes
les dettes du défunt, s'il fait adition, et d'être complètement étranger à la succession, s'il répudie. Ce qu'il fallait trouver, on en avait senti le besoin, c'était un
parti moyen qui, en mettant les propres biens de l'héritier à l'abri des poursuites des créanciers de la succession et des légataires, lui permit cependant d'en profiter, si elle était solvable ; un juste milieu qui permit à
l'héritier de soustraire son patrimoine aux actions des
créanciers envers lesquels il ne s'était nullement engagé,
sans toutefois diminuer le patrimoine du *de cujus*, sur
lequel ses créanciers et ses légataires fondaient de légitimes espérances.

C'est ce que fit Justinien dans une Constitution cé-
lèbre qui forme la loi 22 au Code (lib. VI, tit. xxx), plus
connue encore sous le nom de loi *Scimus*.

Nous abordons avec cette loi l'étude du bénéfice
d'inventaire.

Justinien déclare en commençant que si l'héritier
veut accepter purement et simplement, il le peut; mais
il ne pourra plus revenir en principe sur son acceptation. S'il veut au contraire répudier, il le peut également,
et pour cela il n'a besoin de faire aucun inventaire; il
suffit qu'il renonce dans les trois mois, à partir du jour
où il a eu connaissance de l'ouverture de la succession
à son profit. Mais un troisième parti lui est offert. Il
peut accepter sous bénéfice d'inventaire , c'est-à-dire

3

qu'il pourra, sans crainte, faire adition de l'hérédité s'il a eu soin d'en constater le montant dans un inventaire dressé dans les formes édictées à ce sujet, et dans le délai de trois mois, à partir du jour où il aura connu sa vocation à l'hérédité. Pour faire les choses régulièrement, il devra commencer l'inventaire dans les trente jours et le finir dans les soixante derniers jours. S'il a fait l'inventaire dans les trois mois, il sera censé accepter sous bénéfice d'inventaire. Ce délai se trouve parfois augmenté; il est porté à une année, quand les biens, ou la majeure partie des biens héréditaires, se trouvent situés dans des pays éloignés ou divers. Et ce délai d'une année semble suffisant pour tous, « *et si longissimis spatiis distant.* »

L'inventaire doit comprendre la description de toutes les choses qui se trouvent dans l'hérédité, *quas defunctus mortis tempore habebat*, mobilières ou immobilières, propres au défunt ou même étrangères : par exemple, les choses déposées, prêtées, engagées, toutes choses, en un mot, qui viennent *in petitione hereditatis* (Dig , liv. V, tit. III, l. 19).

L'inventaire doit être fait par l'héritier en présence de deux notaires ou tabellions, des créanciers, des légataires et des tiers intéressés, ou, à leur défaut, de trois *viri locupletes ac probi*. (Voir sur ces formes de l'inventaire la novelle I, chap. II.)

L'inventaire est signé de la main de l'héritier, à moins qu'il ne sache ou ne puisse écrire, auquel cas il apposera une croix à la fin de l'inventaire, et ordonnera en présence de témoins à un notaire, appelé à cet effet, d'apposer sa signature (l. 22, § 5).

Pendant qu'il fait inventaire, l'héritier ne peut être inquiété, ni par une action réelle, ni par une action personnelle. « *Sed sit hoc spatium ipso jure pro delibera-tione concessum.* » (L. 22, § 11.)

S'il a fait inventaire dans le délai, quelle sera sa position ?

Les effets du bénéfice d'inventaire sont les suivants :

1° L'héritier qui a fait inventaire n'est tenu envers les créanciers héréditaires que *intra vires hereditatis :* il s'opère à son égard une séparation entre le patrimoine du défunt et le sien propre ; par suite, il ne peut être tenu de payer sur ses biens propres aucune dette de la succession. (L. 22, § 4.)

2° L'héritier conserve les créances qu'il avait contre le défunt ; elles ne sont point éteintes en ce cas par la confusion qui résulte d'ordinaire de l'adition. A l'inverse aussi, les créances du défunt contre l'héritier ne sont pas éteintes davantage. L'héritier créancier se trouve sur le même pied que tous les autres créanciers de l'hérédité : l'héritier qui a fait inventaire *sustinet duas personas*, de sorte que, comme dit le texte, « *non hæ actiones confundantur, sed similem cum aliis creditoribus per omnia habeat fortunam.* » (L. 22, § 9.)

Il en résulte qu'il peut valablement se payer lui-même.

3° L'héritier se paie, par droit de rétention, de toutes les dépenses qu'il a faites, pour les funérailles, l'insinuation du testament, la confection de l'inventaire, de tous les frais, en un mot, qu'il a faits justement pour une cause nécessaire à l'hérédité, ceux des procès qu'il a soutenus, par exemple. (L. 22, § 9.)

Au reste, il est héritier, c'est lui qui administre, aussi il n'a pas à s'inquiéter de l'ordre des créanciers ou des légataires. Il les paie suivant qu'ils se présentent. Seulement, au cas où les biens de l'hérédité ne suffiraient pas à désintéresser tout le monde, la loi réserve un recours aux créanciers contre les légataires : « *Cum satis absurdum sit, creditoribus quidem jus suum persequentibus legitimum auxilium denegari, legatariis vero qui pro lucro certant, suas partes leges accomodare.* (L. 22, § 5.)

Les créanciers préférables à raison d'un privilège ou d'une hypothèque, ont de plus un recours subsidiaire contre les autres créanciers, payés à leur préjudice (l. 22, § 6). L'héritier qui a payé sans fraude tout ce qu'il a trouvé dans l'hérédité ne peut plus être poursuivi : « *Nulla actio in eum extendatur* »(l. 22, § 7). L'héritier peut même vendre les biens héréditaires pour payer les créanciers et les légataires comme ils se présentent. Les créanciers hypothécaires, dans ce cas, n'ont aucun recours, ni contre l'héritier, ni contre les acquéreurs de ces biens. C'est dire que la vente est parfaitement valable, et la raison en est donné par le texte: « *Cum satis anterioribus creditoribus a nobis provisum est, vel ad posteriores creditores, vel ad legatarios pervenientibus et jus suum persequentibus.* » (L. 22, § 8)

L'héritier peut payer aux créanciers soit la chose, soit son prix (l. 22, § 6). D'où il résulte, que quelquefois les créanciers peuvent être, contrairement au droit commun, forcés de recevoir, malgré eux, *aliud pro alio.* C'est au cas où l'hérédité chargée de dettes n'a pas d'argent, mais seulement des choses qui ne trouvent pas d'acquéreur, si alors les créanciers demandent et exigent leur paiement, ils peuvent être contraints de recevoir des choses en paiement, malgré qu'il leur soit dû de l'argent, par exemple.

Nous avons passé en revue les avantages du bénéfice d'inventaire. Etudions maintenant les peines encourues par ceux qui ont négligé de faire inventaire dans le délai et dans les formes voulues, et les inconvénients du défaut d'inventaire.

1° L'héritier qui n'a pas fait d'inventaire, ou l'a fait hors du délai ou irrégulièrement, est tenu de payer toutes les dettes du défunt, même sur son patrimoine propre, si les biens de l'hérédité ne suffisent pas.

2° D'après la loi 22, l'héritier n'était jamais, en aucun cas, tenu des legs et des fidéicommis particuliers *ultra vires emolumenti*. Mais il ne pouvait retenir la Falcidie qu'à la condition de faire un inventaire des biens de la succession. (L. 22, § 4.)

Justinien modifia ces principes. Depuis la novelle I, cap. ii, § 2, l'héritier qui, voulant faire inventaire, l'a fait au mépris des formalités édictées par la novelle, non seulement ne peut déduire la Falcidie, mais il doit acquitter tous les legs et les fidéicommis, même *ultra vires hereditatis.*

Il doit s'imputer sa négligence, car cet inventaire irrégulier n'offre plus les mêmes garanties d'exactitude; l'hérédité est présumée suffisante pour acquitter toutes les charges, et cette présomption n'admet aucune preuve contraire. Le texte de la novelle est formel : « *Si vero non fecerit inventarium secundum hanc figuram, non*

retinebit Falcidiam, sed complebit legatarios et fideicom-
missarios, licet puræ substantiæ morientis transcendat men-
suram legatorum datio. »

Le fils héritier qui a négligé de faire l'inventaire ou
l'a fait irrégulièrement, perd-il sa légitime ? Parmi les
commentateurs, les uns prétendent qu'il ne doit pas la
perdre; car la légitime est une dette de droit naturel,
sur laquelle le droit civil n'a aucune influence, tellement qu'on ne peut y porter atteinte ni directement, ni
indirectement.

Il en est d'autres qui soutiennent une opinion inverse
que je crois plus conforme au droit. Il doit perdre sa
légitime ; car, à défaut d'inventaire, il est présumé l'a-
voir entière.

L'hérédité doit être riche, car personne n'est assez
négligent pour prendre sans précaution une hérédité
dangereuse et insolvable. D'autre part, tout créancier,
en vertu d'une cause onéreuse, qui succède à son débiteur, perd sa créance en négligeant l'inventaire , sans
pouvoir rejeter sa faute sur les autres créanciers héréditaires, ou faire entrer sa créance dans les dettes de la
succession; car, par l'adition, s'il n'a pas eu soin de
fixer préalablement le montant de l'actif de la succession par un inventaire, la créance et l'action qu'il avait
contre le débiteur défunt se sont éteintes par confusion. S'il en est ainsi, et cela n'est pas douteux, au cas
où l'héritier était créancier du défunt en vertu d'une
cause onéreuse, *a fortiori*, doit-il en être de même quand
la dette, comme la légitime, provient d'une cause purement lucrative.

Ajoutons à cela que la loi favorise davantage les créanciers pour obtenir ce qui leur est dû, que le fils pour
obtenir sa légitime, et qu'il serait singulier que le fils
qui est en faute vis-à-vis des créanciers, et qui doit les
désintéresser intégralement, pût leur opposer et déduire
sa légitime envers eux. Cette faveur de la loi pour les
créanciers qui réclament leur dû, à l'encontre d'un héritier légitimaire, apparaît en ce que les dettes doivent
être payées avant que la légitime le soit; et, au cas où
les dettes dépassent le disponible, elles peuvent absor-
ber la légitime.

S'il perd la Falcidie à l'égard des légataires, s'il
éprouve encore une peine plus rigoureuse, forcé qu'il
est de parfaire, faute d'inventaire régulier, même
avec ses propres biens, les legs et les fidéicommis, il n'y
a donc rien d'étonnant à ce qu'il perde sa légitime dans
le même cas. Et à quoi lui serait-il avantageux de
l'obtenir, puisqu'il serait forcé d'autre part de
payer sur ses biens propres les dettes, les legs et les
fidéicommis. Il rendrait d'une main ce qu'il recevrait de
l'autre.

L'héritier qui n'a pas fait inventaire, ou, s'il l'a fait,
l'a fait irrégulièrement, perd-t-il la Trébellianique?

Je le crois également; car, dans la plupart des textes,
nous trouvons une assimilation continuelle entre la
quarte Falcidique et la Trébellianique.

D'autre part, l'inventaire, tel qu'il est exigé, ne l'est
pas seulement dans l'intérêt des créanciers et des légataires, mais aussi dans l'intérêt du substitué, du fidéicommissaire tant particulier qu'universel. La preuve en

est que la novelle I, cap. II, § 1, ordonne à l'héritier d'appeler à la confection de l'inventaire tous les intéressés, et parmi eux les fidéicommissaires ; et qu'on ne dise pas que cela ne doit s'entendre que des fidéicommissaires particuliers, car il est évident que le fidéicommissaire universel a grand intérêt à la rédaction de l'inventaire, car cet inventaire, s'il est régulier, bien entendu, conservera le droit du fidéicommissaire et rendra plus facile la charge de restitution. Qu'est-ce autre chose que la Trébellianique, sinon le quart de l'hérédité ? Or l'héritier qui prétend retenir le quart doit justifier de la consistance des biens, pour fixer ce qu'il doit retenir et restituer. L'héritier chargé d'un fidéicommis de l'hérédité entière ou d'une partie de l'hérédité, sera donc avec raison privé de sa Trébellianique pour avoir négligé l'inventaire, ou l'avoir fait irrégulièrement. S'il ne l'a pas fait, il peut être excusable à raison de circonstances exceptionnelles dans lesquelles il serait injuste de le priver de sa quarte. Il n'y a rien, par exemple, à imputer à sa négligence, s'il est chargé de rendre l'hérédité aussitôt après avoir fait adition. Mais jamais il ne peut être excusable pour les irrégularités de l'inventaire.

En résumé donc : ou bien l'inventaire n'a pas eu lieu du tout. L'héritier alors est tenu des dettes *ultra vires* Il perd la Falcidie, la Légitime et la Trébellianique ; mais il n'est pas tenu des legs et des fidéicommis *ultra vires*. (§ 4 et 14, l. 22.) Si l'inventaire est fait hors des délais de la loi 22, il n'est d'aucune utilité pour les effets du bénéfice d'inventaire. L'héritier, malgré lui,

paie les dettes *ultra vires*, ne conserve pas ses créances
contre la succession, mais il peut retenir sa Légitime,
distraire la Falcidie et la Trébellianique.

Celui enfin qui a fait inventaire voulant le faire, mais
l'a fait irrégulier quant aux formes dont l'absence ne garantit plus l'exactitude, il est d'abord, traité comme s'il
n'en avait point fait du tout. Il paie les dettes *ultra vires*,
perd la Falcidie, la Légitime, la Trébellianique ; mais de
plus, ici, il est tenu de payer les legs et les fidéicommis
particuliers, même *ultra vires*. Voilà la portée exacte de la
modification de Justinien. (Nov. I, cap. II, § 2.) Voyons
maintenant l'effet d'un détournement ou d'un recel dans
l'inventaire, commis par l'héritier de mauvaise foi, au
préjudice des créanciers et des légataires.

L'inventaire achevé dans les formes usitées est présumé vrai et exact ; mais cette présomption admet la
preuve contraire que le § 10, l. 22, réserve aux créanciers, aux légataires et aux fidéicommissaires, tant à
titre particulier qu'à titre universel. Les parties intéressées peuvent, à cet égard, se servir de tout mode de
preuves. Elles peuvent même employer la torture vis-à-vis
des esclaves héréditaires, ou déférer le serment à l'héritier, si toute autre preuve fait défaut.

Qu'arrive-t-il si les parties intéressées parviennent à
prouver que la valeur des biens héréditaires est plus
considérable que celle comprise dans l'inventaire, par
suite que l'héritier a détourné ou caché certaines
choses ?

Notons en passant que si le détournement ou la soustraction est considérable, l'héritier coupable pourra être

considéré comme n'ayant pas fait d'inventaire, et puni des peines attachées à un inventaire irrégulier.

Mais si la soustraction n'est pas assez importante pour entraîner cet effet rigoureux, l'héritier, convaincu de détournement, sera contraint de remettre dans le patrimoine le double de la valeur de l'objet détourné, c'est-à-dire en supposant le patrimoine de 400 et la soustraction de 100, l'héritier sera tenu de restituer 200. C'est donc comme si, en réalité, l'hérédité était de 500. (§ 10, 1. 22.)

Le testateur peut-il faire remise à l'héritier de l'inventaire? Je ne crois pas qu'il le puisse au préjudice des créanciers.

L'héritier ne peut être contraint de faire inventaire, car, malgré lui, on ne peut lui accorder un bénéfice introduit en sa faveur.

Justinien (§ 13, 1. 22) nous avertit qu'au moyen du bénéfice d'inventaire, l'héritier peut sans danger faire adition de toute hérédité à lui déférée. D'où il semble qu'il ne soit plus nécessaire d'un délai pour délibérer. « *Deliberationem putamus quidem post hanc legem esse supervacuam.* »

Néanmoins Justinien craignant de faire une innovation trop grande continue de permettre aux héritiers de demander un délai pour délibérer, qui pourra être accordé d'un an par l'Empereur et de neuf mois par les magistrats. En effet l'inventaire peut répugner à beaucoup. D'une part, il entraîne des frais qui diminuent d'autant l'actif héréditaire; d'autre part, il occasionne une publicité de l'état de la succession que beaucoup d'héritiers peuvent avoir intérêt à cacher pour l'honneur de la famille. L'héritier qui aura pris cette voie ancienne et demandé un délai pour délibérer ne pourra point jouir du bénéfice d'inventaire, et pour se soustraire aux charges de l'hérédité, il sera obligé de répudier expressément avant l'expiration du délai. Que s'il a laissé passer ce délai sans répudier, ce sera tout comme s'il avait fait adition. Il est obligé à toutes les dettes du défunt. S'il fait adition, il n'en sera pas moins tenu de faire inventaire s'il veut opposer la Falcidie.

S'il répudie, il n'est pas obligé d'avoir fait inventaire, mais il devra prêter serment qu'il répudie les biens en entier (§ 14, *in fine*, l. 22).

Mais l'héritier n'est pas admis à cumuler les avantages de ces deux délais. Ainsi, lorsqu'après les trois mois, l'héritier sera poursuivi par les créanciers, il peut demander au magistrat ou à l'Empereur un délai pour savoir s'il doit accepter ou répudier. Dans ce nouveau délai il ne peut plus être question d'accepter sous bénéfice d'inventaire. L'héritier n'a plus que l'alternative entre l'adition et la répudiation, et c'est pour se décider sur ces deux partis que ce délai lui est accordé.

DROIT ANCIEN

Dans le droit romain nous avons trouvé deux espèces de successions : la succession testamentaire et la succession *ab intestat*, qui n'avait lieu qu'à défaut de succession testamentaire. Il était donc loisible à un *paterfamilias* de se choisir un héritier à qui il transmettait ses droits et ses actions et qui était vrai continuateur de sa personne. S'il ne le faisait pas, la loi le faisait à son défaut. Dans notre ancienne France, divisée comme elle l'était, en pays de droit écrit et en pays de coutumes, on suivait le droit romain dans les uns, la coutume faisait la loi des autres. Or, dans le droit coutumier, le plus général, nous ne trouvons pas admise la succession testamentaire ; c'est-à-dire que le droit coutumier n'admet plus que, par son testament, un individu puisse se créer un héritier, vrai continuateur de sa personne, à qui il transmettra ses droits actifs et passifs. C'est dans ce sens qu'il faut interpréter cette maxime de l'ancien droit : « Institution d'héritier n'a lieu. » (Coutume de Paris, 299; — d'Orléans, 287.) La plupart des coutumes, malgré les termes dont il aurait pu se servir, ne reconnaissaient au testateur que le pouvoir de faire des légataires.

Comment dans notre ancienne France s'acquéraient les successions? Nous trouvons encore ici une grande différence entre le droit ancien et le droit romain. A Rome, il y avait trois espèces d'héritiers qui se distinguaient surtout par l'acquisition qu'ils faisaient de l'hérédité, forcée ou volontaire, suivant qu'ils étaient nécessaires ou externes. Notre droit ancien ne reconnaît plus d'héritiers nécessaires. Dans les principes nouveaux, la succession est acquise à l'héritier à qui elle est déférée, du jour de son ouverture ; c'est ce qu'exprime, au reste, cette maxime nouvelle : « Le mort saisit le vif son hoir, plus proche et habile à lui succéder, » admise même dans les pays de droit écrit. Cette saisine de l'héritier, dont nous n'avons pas à rechercher l'origine ici, est incontestable. Le *de cujus*, au dernier instant de sa vie, est censé mettre son héritier en possession de tous ses biens et de tous ses droits. Cette saisine a lieu malgré l'héritier, mais elle ne saurait durer malgré lui. Et comme disait Pothier : « L'héritier peut bien acquérir la succession, *ignorans*, mais non pas *invitus* » (*Traité des Succes.*, chap. III, sect. 2), car c'est une autre maxime de droit français, que « nul ne se porte héritier qui ne veut. » L'héritier peut donc répudier ; il peut, de plus, se porter héritier bénéficiaire.

Arrivons de suite à l'étude de la succession bénéficiaire.

Nous n'avons l'intention, dans cette brève étude du

bénéfice d'inventaire, que d'énumérer les règles particulières à ce mode d'acceptation, toutes spéciales à
l'ancien droit et qui ont disparu de notre Code Napoléon.

Quant aux autres, notamment en ce qui a trait aux
effets du bénéfice d'inventaire, pour ne pas nous expo-
ser à des redites, nous aurons soin d'indiquer dans notre
étude, sous le Code Napoléon, la solution de l'ancien
droit concernant les principales difficultés que nous
rencontrerons.

Quelle était la position de l'héritier bénéficiaire dans
l'ancien droit ? Nous trouvons réunies dans sa personne
plusieurs qualités.

Il était vraiment héritier, et, comme tel, saisi
de plein droit des biens du défunt, dès l'instant de l'ouverture de la succession, il était propriétaire; mais vis-
à-vis des créanciers et des légataires du défunt, il était
plutôt considéré comme administrateur que comme
héritier et propriétaire, en sorte qu'il devait rendre
compte de son administration. Il était, en quelque façon,
administrateur de son propre bien; aussi ne pouvait-on
exiger de lui, dans cette administration, d'autre diligence que celle qu'il apportait d'ordinaire à ses propres
affaires. C'est pourquoi Pothier ne le déclare respon-
sable que de la faute grossière *(lata culpa). (Traité des
Succes.,* chap. III, sect. 5, art. 2, § 4.)

Conditions du bénéfice d'inventaire.

A

La première condition exigée de l'héritier qui veut jouir du bénéfice d'inventaire, c'est d'obtenir des lettres royales lui conférant ce bénéfice. On distinguait toutefois, à cet égard, entre les pays de droit écrit et les pays de coutume.

Dans les pays de droit écrit, où le roi donnait force et autorité aux lois romaines, on restait sous l'empire de la loi *Scimus*; il était donc inutile d'obtenir du roi une faveur que la loi accordait à tous. C'est ce qui faisait dire à Dumoulin sur l'art. 22 du titre des Successions de la coutume du duché de Bourgogne : *«Sed in patria juris scripti, nulla opus est interpretatione, sed descriptione solemni. »*

En pays coutumier, nous trouvons des coutumes qui accordaient expressément le bénéfice d'inventaire : celles de Berry et de Bretagne. L'art. 514 de la coutume de Bretagne notamment disposait : « Il est permis à l'héritier accepter la succession sous bénéfice d'inventaire ou y renoncer, si bon lui semble. »

Dans ces coutumes, l'héritier n'avait pas besoin de lettres royales pour se porter héritier par bénéfice d'inventaire, car le roi n'avait pas à intervenir pour concéder une grâce que la loi municipale accordait à tout le monde. La coutume de Sédan (art. 176), par une disposition expresse, dispensait même l'héritier de l'obtention de ces lettres. D'autres coutumes parlaient du bénéfice

d'inventaire, sans l'accorder expressément, mais le supposaient établi en pratique. Les lettres étaient nécessaires dans ces pays, notamment à Paris et à Orléans.
La coutume du duché de Bourgogne obligeait nécessairement l'héritier, s'il voulait être héritier bénéficiaire, à
s'adresser au prince pour en obtenir des lettres : « Si
aucuns se veulent porter héritiers par bénéfice d'inventaire, ils sont tenus de l'impétrer du prince. » (Art. 22,
tit. VII *des Succes.*, Cout. du duché de Bourgogne.)
Mais, même au duché de Bourgogne, il était des pays
qui suivaient le droit écrit et que la coutume ne régis-
sait pas, où, par conséquent, les lettres étaient inutiles.
Ces pays sont énumérés dans un mémoire de Philippe
de Montholon, lieutenant général au bailliage de Châ-
lons (Commen. de la coutume générale du duché de
Bourgogne, par du Taisand, conseiller du roi au Parlement de Dijon, p. 825). Ces pays étaient trente-quatre
paroisses, ressortissant des deux châtellenies de Cuiseri
et de Sagi, faisant autrefois partie du pays de Bresse,
sous l'obéissance du duc de Savoie. Elles furent cédées
au duc de Bourgogne, en échange de deux autres châtellenies, à lui appartenant, enclavées dans cedit pays
de Bresse, savoir : Montréal et Treffort en Bresse. Mais
les habitants, malgré leur incorporation au duché de
Bourgogne, conservèrent le privilége d'user du droit
écrit.

Ces lettres royales, dans les pays où elles étaient
exigées, s'obtenaient dans les chancelleries près des
parlements moyennant un droit fiscal. Une fois accor-
dées, elles étaient adressées des chancelleries aux

4

lieutenants des bailliages pour être entérinées par
le juge du lieu où la succession s'était ouverte, c'est-à-
dire le juge du dernier domicile du défunt ; car on
n'avait pas égard ici au juge naturel de l'héritier pas
plus qu'à celui de la situation des biens, qui quelquefois
pouvaient être situés en différents ressorts. L'entérinement avait lieu sur les conclusions du procureur du roi
et sur les contestations des intéressés. Pour faire entéri-
ner ces lettres dans les formes, il fallait que l'héritier
fît assigner tous les créanciers connus, à leur personne
ou domicile, et les inconnus à son de trompe, pour
qu'ils pussent contester sur l'entérinement. Si les créanciers et les légataires l'exigeaient, il devait donner caution, laquelle ne s'étendait qu'aux meubles et aux fruits
existant au décès. (Voir sur ce point un arrêt de 1526,
rapporté par Papon, lib. XXI, tit. x, art. 3, et Charon-
das sur l'art. 242 de la coutume de Paris.)

Ces lettres devaient être obtenues et entérinées avant
que l'héritier ait fait aucun acte d'héritier ; car une fois la
qualité d'héritier prise, ou son immixtion consommée,
il était désormais engagé envers les créanciers et les légataires, sans pouvoir se faire relever de l'obligation
contractée vis-à-vis d'eux. Les créanciers et les légataires
avaient ici droit acquis à le voir traité comme héritier
pur et simple. Le roi pouvait bien accorder un bénéfice,
mais il ne pouvait l'accorder au préjudice d'un tiers
qu'il dépouillerait de son droit.

Nous avons dit plus haut que l'héritier, quoique bénéficiaire, était saisi de plein droit de la propriété et de
la possession des choses héréditaires. Ceux qui lui con-

testaient cette saisine prétendaient qu'elle était pour lui sans utilité; car, s'il intentait complainte (droit qui découlait pour lui de la saisine) avant l'obtention et l'entérinement de ses lettres, il faisait par là acte d'héritier et ne pouvait plus ensuite être héritier à bénéfice d'inventaire. Mais de ce que la loi lui accordait un bénéfice, il n'en était pas moins, avant même d'avoir satisfait aux conditions de ce bénéfice et de jouir de ses avantages, il n'en était pas moins, dis-je, héritier, et comme tel saisi de plein droit. Quant à ce que l'on disait que la complainte qu'il pouvait intenter comme héritier saisi était un acte d'héritier pur et simple qui ne lui permettait plus de revenir au bénéfice d'inventaire, Lebrun répondait avec raison :

1° Qu'on ne traite pas avec la même rigueur celui qui veut être héritier bénéficiaire, quand il s'agit de savoir s'il a fait préalablement acte d'héritier, que celui qui refuse tout à fait d'être héritier.

2° Que ce qui se fait par une espèce de nécessité et pour la conservation des biens n'est pas réputé un acte d'héritier : or, la complainte qui sert à conserver la possession, étant une action qui ne se peut intenter que dans l'an du trouble, viendrait quelquefois trop tard, si l'on différait de l'intenter jusqu'après l'entérinement des lettres. Lebrun exigeait cependant une condition, c'est que, dans l'exploit de complainte, l'héritier ait pris la qualité de bénéficiaire.

On demandait si la déclaration faite en justice par un héritier, qu'il entend être héritier bénéficiaire, avant l'obtention des lettres ne devait pas entraîner contre lui la déchéance du bénéfice d'inventaire; on pourrait le penser; car, n'ayant pas encore satisfait aux conditions du bénéfice d'inventaire, il semblait que sa déclaration ne dût s'interpréter ici que comme une déclaration d'héritier pur et simple. Non, cette déclaration prématurée n'entraînait pas contre lui cette déchéance. Pothier et Lebrun le décident ainsi, pourvu toutefois qu'il obtienne ses lettres peu après : « La bonne foi, dit Lebrun, le soutient en un pas aussi glissant. » On interprétait sa déclaration « plutôt par rapport au futur et aux précautions qu'il voulait prendre que par rapport au présent et à l'état de choses au temps de sa déclaration. » (Lebrun, liv. III, chap. IV, n° 12, *Traité des Success.*)

Tant que l'héritier n'avait pas pris la qualité d'héritier pur et simple, ni fait acte d'héritier (les actes qu'il faisait dans un but conservatoire n'étant pas, à proprement parler, des actes d'héritier), il était toujours à temps d'obtenir ces lettres.

D'anciens praticiens, Imbert entre autres, dans sa *Pratique* (liv. I, ch. VIII, n° 7), prétendaient que ces lettres devaient être obtenues dans l'an du décès; sinon, il fallait une clause pour l'en relever. Mais c'est là une ancienne pratique qui ne s'observait plus du temps de Pothier et de Lebrun; car, comme dit ce dernier : «Tant que la succession est vacante, on peut se porter héritier, par conséquent il est aussi permis de se dire héritier bénéficiaire. »

S'il y avait plusieurs cohéritiers d'une même succession, fussent-ils héritiers de lignes différentes, et que tous désirassent se porter héritiers bénéficiaires, il suffi-

sait qu'un seul obtint des lettres d'inventaire. Une fois
ces lettres obtenues et entérinées dans la forme, les
autres héritiers s'adressaient par requête au juge pour
qu'il eût à déclarer ces lettres communes à tous. *« Si
quis est heres per inventarium*, dit Dumoulin sur l'art. 150
de la Coutume de Paris, *dedit cautionem et omnia fecit,
postea venit ejus frater qui vult etiam heres esse per inventarium et habet litteras, videtur quod possit etiam sine litteris contribuendo partem omnium sumptuum. »*

Pour que le juge, dans ces circonstances, fît droit à
la requête des cohéritiers, il fallait qu'ils satisfissent à
deux conditions :

1° Il ne fallait pas qu'ils fussent encore obligés envers les créanciers héréditaires par une acceptation soit
expresse, soit tacite ;

2° Il fallait qu'ils offrissent de contribuer pour leur
part à tous les frais.

B

La seconde condition du bénéfice d'inventaire, c'é-
tait la rédaction d'un inventaire des biens de la succession. Cet inventaire devait avoir lieu en pays de droit
écrit et en pays coutumiers. Et c'était même cette seconde condition qui donnait son nom au bénéfice que
nous étudions.

L'inventaire était la description faite solennellement
et par une personne publique de tous les biens de la
succession, et cela en présence des parties intéressées ou
elles dûment appelées. Il était nécessaire de faire apposer le scellé avant l'inventaire, surtout quand l'héritier

demeurait dans la maison du défunt, et de faire appeler
les créanciers pour la levée du scellé comme pour l'inventaire, sinon l'héritier était présumé s'être immiscé.
Mais ce scellé n'était pas aussi rigoureusement exigé de
l'héritier qui n'habitait pas la maison du défunt. L'art. 28
de l'ordonnance de 1629 exigeait à cet égard que nul ne
soit reçu à se porter héritier par bénéfice d'inventaire en
ligne directe ni collatérale qu'il n'ait fait sceller, s'il est
présent, incontinent après le décès du *de cujus;* mais cet
article n'était pas, nous dit Pothier, en usage ainsi que
beaucoup d'autres dispositions de cette ordonnance
(*Traité des Success.*, chap. III, sect. 5, art. 2, § 5). Cela
était laissé à la discrétion de l'héritier. Mais s'il ne faisait pas apposer le scellé, il devait au moins avoir soin
d'observer cette prescription, qui lui était faite, du reste,
expressément dans la coutume de Bourges par l'art. 13
du titre *des Successions*, à savoir : de faire fermer exactement les lieux à la fin de chaque vacation de l'inventaire. Mais c'était, du reste, là plutôt un conseil sage
qu'un ordre formel dont le mépris aurait entraîné
contre lui déchéance du bénéfice d'inventaire.

Rien ne pouvait dispenser l'héritier de l'inventaire.
Cependant, de même que les lettres royales obtenues
par un seul héritier pouvaient être rendues communes
à tous, de même un inventaire fait par un héritier pro-
fitait à tous ses cohéritiers, car un second inventaire
n'eût eu d'autre effet que d'ajouter des frais qui dimi-
nuaient d'autant l'actif héréditaire.

Dans quel délai devait être rigoureusement fait cet
inventaire? Dans les pays de droit écrit on suivait le

droit de Justinien. L'héritier présent avait trois mois du jour où il apprenait que la succession lui était déférée; s'il était éloigné, il avait un an, qui courait du jour du décès du *de cujus*. Dans les pays de Coutumes, Pothier nous le dit, il n'y avait point de temps de marqué pour faire rigoureusement inventaire. Il était donc toujours temps pour l'héritier de faire cet inventaire tant qu'il n'avait pas accepté purement et simplement ou disposé des effets de la succession, auquel cas, par son immixtion, il était devenu héritier pur et simple. Tant donc que la succession était vacante et que l'héritier pouvait l'accepter purement et simplement, il pouvait aussi faire inventaire et se porter héritier bénéficiaire. Peu importait, du reste, que l'inventaire ait lieu avant ou après l'obtention des lettres.

Mais les créanciers et les légataires de la succession ne pouvaient être forcés d'attendre le bon plaisir de l'héritier : ils pouvaient le contraindre à prendre parti plus promptement. L'ordonnance de 1667 organisait sur ce point une succession de délais que nous étudierons, ainsi que la position juridique de l'héritier sous chacun de ces divers délais, dans notre étude sur le Code Napoléon, qui reproduit à peu près les mêmes principes.

Que devait comprendre cet inventaire?

Il devait contenir la description de tous les meubles, de tous les titres, soit des immeubles, soit des rentes, appartenant à la succession. D'Argentré, sur l'art. 514 de l'ancienne Coutume de Bretagne, après nous avoir indiqué le but *(finis)* de l'inventaire, nous donne sa substance (materia). Il s'exprime ainsi : « Inventarii bona sunt tam mobilia quam immobilia, nam etsi immobilia auferri non potest, et patent et foris cubant, tamen possessio corum interverti potest, et secreto in alios transferri. » Il nous dit que, pour lui, il pense que tous les biens, tant meubles qu'immeubles, devaient être décrits de bonne foi, et cela dans l'intérêt des créanciers, car l'inventaire était un instrumentum commun à l'héritier et aux créanciers.

Malgré l'autorité de d'Argentré, l'opinion contraire prévalut : il suffisait donc d'inventorier les titres des immeubles, se contentant de décrire les meubles dans leur individualité, à raison de la facilité qu'ils offraient à être détournés.

L'inventaire devait être fait devant un notaire ou devant un juge royal. Cependant, un arrêt du 17 juin 1605, rapporté par Lebrun, nous montre qu'on pardonnait à un héritier d'avoir fait confectionner l'inventaire par un juge non royal. Il devait être fait par un notaire ou un juge de juridiction séculière, alors même qu'il s'agissait de la succession d'un ecclésiastique (Guy Pape, quest. 261). L'inventaire devait être fait, de plus, en présence du procureur du roi ; à cet égard, en duché de Bourgogne, on suivait exactement l'ordonnance de 1629, comme nous l'apprend son commentateur, du Taisand. Il devait être fait encore en présence des créanciers, ou eux dûment appelés. Mais quels créanciers l'héritier était-il tenu d'appeler? Pothier nous dit : « ceux qui se sont fait connaître, par exemple, en s'opposant aux scellés, s'il y en a eu d'apposés. » (Traité des Success.,

chap. III, sect. 3, art. 2, § 3.) Mais l'héritier faisait bien
d'assigner tous les créanciers connus et certains, à personne ou à domicile, et les inconnus par affiches ou cris
publics. En pays de droit écrit cela se passait ainsi :
c'était au surplus la jurisprudence du parlement d'Aix
(voir Montvallon, *des Successions*).

Mais il n'eût pas été privé du bénéfice de la loi, si, par
oubli, sans intention frauduleuse, il en avait omis quel-
ques-uns. Il restait à ces créanciers omis le droit de se
pourvoir par requête d'intervention.

.L'héritier faisait bien encore d'appeler, conformément
à la novelle I, les légataires et les fidéicommissaires,
toutes personnes qui avaient grand intérêt à l'exacte
fidélité de l'inventaire. L'inventaire comprenait tous
les biens de l'hérédité, soit ceux mis sous le scellé, soit
ceux déclarés par les personnes qui pouvaient en avoir
connaissance. L'héritier devait déclarer en outre ce qu'il
pouvait en savoir, et jurer qu'il ne retenait ni ne recélait
aucun effet de l'hérédité.

Dans l'usage, nous dit Domat, on prenait aussi la
déclaration et le serment des domestiques du défunt
sur la connaissance qu'ils pouvaient avoir des biens de
l'hérédité. (Lois civiles, *des Héritiers*, tit. II, sect. 2,
n° 3.) L'inventaire devait être fait de bonne foi : de
là il résultait que la simple omission dans l'inventaire de certains effets de la succession n'emportait
pas pour l'héritier déchéance du bénéfice d'inventaire. Mais si l'omission était malicieuse, supposé
qu'elle provînt d'un détournement ou d'un recel commis par l'héritier, les créanciers, légataires et autres

intéressés étaient admis à prouver ces faits. Cette preuve
acquise, quelle peine encourait l'héritier coupable?

Au parlement de Paris, la jurisprudence réputait en ce
cas l'héritier coupable, héritier pur et simple. La Coutume d'Artois avait en ce sens un article formel qui disposait : « que si l'héritier bénéficiaire a, par son inventaire, prisée et compte, recélé aucuns biens du trépassé
dont il a profité, il est réputé héritier pur et simple, et
tenu de toutes les dettes. » (Art. 115.)

Dans la jurisprudence du parlement de Provence,
nous trouvons appliquée la peine du double qui venait
du droit romain. Mais, d'autre part, nous rencontrons
aussi quelques arrêts en sens contraire. Cette contradiction s'explique, et cette observation pourrait se générali-
ser pour les pays où pareille contrariété se rencontrait,
cette contradiction, dis-je, s'explique par cette distinction
que des auteurs tentaient d'introduire : on répute héritier pur et simple celui qui a recélé des effets ou en a
omis dans l'inventaire, non pas par négligence, mais
par fraude, pour en tirer profit, se contentant de prononcer la peine du double contre les héritiers à qui on
n'aurait à reprocher que de la négligence. Mais il est
difficile d'admettre que l'on puisse cacher ou détourner des effets sans qu'il y ait de la part de l'héritier intention frauduleuse. Au reste, cette distinction entre le
dol et la fraude d'une part, et la négligence d'autre
part, devait donner lieu à de trop nombreuses difficultés pratiques. Voici sur ce point l'opinion de Domat :
« Cette peine du double n'est pas, dit-il, de notre usage,
mais on ordonnerait contre l'héritier ce qui paraîtrait

juste, suivant les circonstances ; et si elles étaient telles
que l'héritier se fût rendu indigne du bénéfice d'inventaire, on pourrait l'en priver. » (Lois civiles, *des Héritiers*, liv. I, tit. II, sect. 2, n° 5.)

Domat avoue cependant que la question était vive-
ment débattue et que beaucoup d'auteurs prétendaient
que, dans tous les cas, l'héritier devait être réputé héritier
pur et simple. Il paraît certain que, dans les pays de coutume surtout, la jurisprudence du Parlement de Paris
était admise de préférence. Nous trouvons même un arrêt de 1605 qui répute héritier pur et simple, à l'égard
des créanciers héréditaires, même un mineur (Brodeau
sur Louet, H., n° 24). Il suffisait donc d'un inventaire
fidèle. La clôture et l'affirmation devant le juge n'y
étaient pas indispensables, et la prisée non plus, au dire
de Pothier, quand peu après on avait fait une vente publique des meubles, qui en constatait la valeur (*Traité
des succes.*, chap. III, sect. 3, art. 2, § 3, *in fine*).

Tous les héritiers jouissaient-ils également du bénéfice d'inventaire? On pouvait être exclu de ce privilège,
ou par la concurrence d'un héritier pur et simple, ce
que nous traiterons en détail dans quelques instants, ou
encore, à raison de la qualité du défunt.

Quels sont ceux qui étaient exclus du bénéfice d'inventaire, à raison de la qualité du défunt?

En vertu de l'article 16 de l'ordonnance de Roussillon, de l'an 1563, l'héritier d'un comptable n'était
pas admis à se servir de ce bénéfice pour ce que le défunt devait au roi. Eût-il obtenu des lettres, il était
réputé héritier pur et simple à l'égard du roi ; car le roi

ne pouvait être présumé accorder un privilége contre
lui-même. Deux arrêts de la Cour des Aides, l'un de
novembre 1602, et l'autre de juin 1605, avaient étendu
cette disposition de l'ordonnance aux successions des
commis des comptables. Quand même les héritiers de
ces personnes se seraient dits héritiers bénéficiaires et
immiscés dans les biens en cette qualité, ils n'en étaient
pas moins réputés héritiers purs et simples, sans
qu'ils pussent se décharger des dettes, en faisant
abandon des biens de la succession, abandon improprement appelé renonciation; c'est du reste ce que décidait
le dernier arrêt de la Cour des Aides.

N'oublions pas que si les héritiers des comptables et
des commis de ces mêmes comptables étaient privés du
bénéfice d'inventaire à l'égard du roi, et pour ce que
ces comptables devaient au roi, ils conservaient ce bénéfice vis-à-vis de tous autres créanciers, si toutefois ils
avaient satisfait aux conditions requises pour l'obtention
de ce bénéfice, bien entendu. Ce point a du reste encore
été décidé par le même arrêt de juin 1605.

Quelques anciens arrêts avaient étendu même cette
jurisprudence aux héritiers des comptables des grandes
maisons. Brodeau sur Louet, II., n° 18, cite un arrêt de
1595, rendu en ce sens contre les héritiers d'un tréso-
rier de la maison de Nevers. Mais Lebrun nous dit, qu'à
sa connaissance, il n'existe aucun arrêt moderne qui ait
confirmé cette doctrine.

L'ordonnance de Roussillon fut encore étendue aux
héritiers d'un receveur des consignations, mais seulement pour ce que le défunt devait à raison de son em-

ploi (Brodeau sur Louet, II, n° 18, en rapporte un arrêt de 1618).

Bacquet (*Traité des droits de justice*, chap. xv, n° 10) et Lebrun qui rapporte son opinion, admettaient que si l'héritier d'un comptable envers le roi était mineur, il pouvait jouir du bénéfice d'inventaire, même pour ce que le défunt devait au roi ; car la faveur des mineurs l'emportait sur celle du fisc. Je crois qu'il aurait fallu étendre, avec tout autant de justice, cette solution aux héritiers mineurs des receveurs des consignations, car je ne vois aucune bonne raison pour distinguer.

Dans notre ancien droit, l'héritier bénéficiaire était administrateur et comme tel tenu de rendre compte de son administration ; or l'héritier n'était réputé bénéficiaire que du jour de l'entérinement de ses lettres. Comme sanction de son obligation de rendre compte, le droit coutumier accordait aux créanciers une hypothèque tacite sur les biens de l'héritier, pour les assurer contre sa mauvaise gestion. Cette hypothèque ne prenait naissance, comme l'obligation dont elle était la sanction, que du jour de l'entérinement des lettres.

Nous avons vu l'héritier obligé d'administrer et de rendre compte de cette administration. Rappelons en quelques mots les avantages du bénéfice d'inventaire sous le droit coutumier.

1° L'héritier bénéficiaire ne pouvait être tenu des dettes de la succession que *intra vires hereditatis*, jusqu'à concurrence de l'émolument par lui recueilli, et cela, non sur ses biens propres, mais sur les biens de ladite succession.

2° L'héritier bénéficiaire conservait les droits et actions qu'il avait contre le défunt ; à son égard, la confusion n'avait pas lieu.

3° Chargé d'administrer, il pouvait se décharger de cette administration, en renonçant aux biens de la succession. Mais les auteurs, en expliquant cette renonciation, avouaient qu'elle était improprement appelée renonciation ; c'était plutôt un abandon. Aussi, après cette renonciation, l'héritier, nous dit Pothier, restait héritier ; il est vrai, ajoute-t-il, qu'il ne conservait qu'un vain nom d'héritier. « Nudum nomen et vanum titulum heredis. » (Chap. III, sect. 3, art. 2, § 8, Des success.)

Quelles personnes, en droit coutumier, avaient besoin du bénéfice d'inventaire pour n'être tenues des dettes qu'intra vires? C'est demander, en d'autres termes, quels étaient ceux qui étaient tenus ultra vires? C'étaient les héritiers légitimes qui succédaient à tous les droits actifs et passifs du défunt, par conséquent à toutes ses obligations. Car ils n'étaient pas seulement successeurs aux biens, mais successeurs à la personne même du défunt, comme tels, tenus de ses obligations, même au delà de la valeur de ses biens. Dans les coutumes qui admettaient l'institution d'héritier par testament, l'héritier institué, alors vraiment héritier, vraiment successeur à la personne conformément au droit romain, était aussi tenu ultra vires.

Mais dans les coutumes qui n'admettaient pas l'institution d'héritier par testament, c'est-à-dire dans la majorité des coutumes, quels que soient d'ailleurs les termes du testament, les héritiers institués n'étaient que des légataires. Mais remarquons que, même dans les cou-

tumes qui bannissaient l'institution d'héritier par testament, on admettait une dérogation. Voilà comment
Pothier s'exprime à ce sujet : « La faveur des contrats
de mariage est si grande en France, que la jurisprudence y a fait admettre les institutions d'héritier en
faveur de quelqu'une des parties contractantes, ou des
enfants qui naîtront du futur mariage, même dans les
coutumes qui ont rejeté expressément l'institution d'héritier. L'institué contractuellement, à peu près partout,
est tenu des dettes *ultra vires*. » Tous ceux qui étaient
tenus des dettes *ultra vires* avaient besoin du bénéfice
d'inventaire pour se soustraire à ce paiement intégral
des dettes. Mais quant aux héritiers institués qui n'étaient
réputés que légataires, quant aux donataires et légataires universels et tous autres successeurs qui venaient à
titre de déshérence, comme le roi, les seigneurs qui succédaient encore par aubaine, confiscation, droit de bâ-
tardise, l'abbé ou le monastère succédant au pécule de
son religieux, ils n'étaient tenus des dettes que *intra
vires*, et comme charges des biens auxquels ils succédaient, car ils ne succédaient point à la personne du
défunt, mais seulement à ses biens.

Mais quoique toutes ces personnes, à raison même de
leur qualité, ne fussent tenues des dettes que jusqu'à
concurrence des biens auxquels elles avaient succédé,
toujours est-il qu'il leur fallait en faire constater les valeur et quantité par un inventaire ou tout acte équivalent. Si elles étaient parfois tenues *ultra vires*, ce ne
pouvait être que par une suite de leur négligence.
(Voir Pothier, *Traité des Succes.*, chap. v, art. 2, § 3 et
art. 3, § 1.)

Exclusion de l'héritier bénéficiaire par l'héritier pur et simple.

Ce droit d'exclusion consistait en ce que un parent, héritier bénéficiaire, pouvait être exclu par un parent, même plus éloigné en degré, qui se portait héritier pur et simple. Ce droit d'exclusion, que rien dans les textes du droit romain ne saurait justifier, était de pure institution française. Il n'était, du reste, pas appliqué en pays de droit écrit, mais il faisait le droit commun des pays de coutume.

Masuer, vieux praticien, qui vivait au XV⁰ siècle et qu'a illustré sa *Pratica forensis*, l'expliquait ainsi (tit. xxxii, n° 28) :

« *Si ille, qui est proximior, vult succedere per beneficium inventarii, alius existens in ulteriore gradu volens succedere simpliciter, præfertur favore defuncti, creditorum et legatariorum.* »

Les coutumes de Paris et d'Orléans avaient des dispositions spéciales pour limiter ce droit qu'elles supposaient établi en principe.

D'Argentré, sur l'art. 514 de l'ancienne coutume de Bretagne, examinait cette exclusion et avouait qu'elle n'était ni juste, ni équitable, car elle détruisait le bénéfice d'inventaire et reposait sur un faux prétexte, l'intérêt du défunt ; aussi, suivant ce que disait ce commentateur, « *quare jura sua habeant Franci, nos jura patria retineamus,* » l'ancienne coutume de Bretagne déjà n'admettait pas ce droit. (Et art. 572 de la nouvelle Cout.)

Quoi qu'il en fût de ce droit, que Pothier trouvait

aussi fort bizarre et même injuste (chap. III°, sect. 3, art. 1er, § 1, *des Succes.*), voyons les motifs qui justifiaient son existence.

Ils étaient empruntés à Masuer.

1° *Favore defuncti.* — L'acceptation pure et simple faisait plus d'honneur à la mémoire du défunt. La coutume faisait ce que le défunt aurait vraisemblablement fait, c'est-à-dire préférait l'héritier pur et simple. D'Argentré trouvait ce motif erroné; car la mémoire du défunt ne souffre pas moins, quand pour ses dettes on vend ses biens et ceux de son héritier qu'on ruine, que quand la discussion se fait par un héritier bénéficiaire.

2° *Favore creditorum.* — L'héritier pur et simple assurait le paiement intégral de leurs créances.

3° *Favore legatariorum.* — Ce motif n'apparaît pas au premier abord; car jamais l'héritier, même pur et simple, n'était tenu des legs *ultra vires.* Néanmoins, l'acceptation pure et simple était plus avantageuse aux légataires. L'héritier bénéficiaire ne pouvait jamais être inquiété par les légataires, sur ses biens propres. L'héritier pur et simple pouvait l'être, au contraire, tant qu'il n'avait pas justifié de l'insuffisance des biens de la succession à acquitter les legs. (Pothier, chap. III, sect. 3, art. 3, § 1, *des Succes.*)

Cette règle coutumière souffrait deux exceptions :

La première avait lieu, dans le droit commun de la France, en faveur de la ligne directe. L'exclusion ne s'appliquait donc qu'à la ligne collatérale. La raison de différence entre les collatéraux et les enfants ou descendants saute aux yeux. La succession d'un collatéral est une bonne fortune, on peut l'en priver sans injustice; tandis que pour les enfants, la succession leur est, pour ainsi dire, due par le droit naturel. On ne pouvait non plus priver les ascendants de la succession de leurs enfants, sans grande injustice, car cette succession leur est accordée *in solatium orbitatis*. Leur droit de succession est donc très favorable : *Afflicto non debet addi afflictio*.

Mais l'héritier contractuel, quoique collatéral, ne devait pas être exclu, car la succession lui était due par la loi de son contrat. Quelques coutumes décidaient cependant le contraire. (Coutume de Nivernais, tit. XXXIV, art. 29 ; — Coutume d'Auvergne, *des Succes.*, art. 39 ; — Coutume de Bourbonnais, art. 223.)

La seconde exception consistait dans ce que l'héritier mineur ne pouvait exclure un héritier bénéficiaire, car le mineur était restituable contre son acceptation ; cette dernière, même pure et simple, n'était donc guère plus avantageuse aux créanciers de la succession que celle de l'héritier bénéficiaire. (Art. 359, coutume d'Orléans.)

Qui pouvait être exclu et qui pouvait exclure ?

Les héritiers testamentaires qui se portaient héritiers par bénéfice d'inventaire, étaient-ils sujets à cette exclusion ? Sur cette question, il fallait distinguer diverses coutumes. Il en était, notamment celle de Paris, où l'institution d'héritier n'avait lieu et n'était réputée que simple legs. Dans ces coutumes, il était certain que cette exclusion n'avait pas lieu entre des légataires universels : car le bénéfice d'inventaire était attaché à la qualité de légataire, qui ne représentait le défunt, nous l'avons dit, qu'à raison des biens qu'il tenait de lui. De même, un héritier *ab intestat* ne pouvait exclure un légataire universel ; en effet, cette exclusion reposait sur la volonté présumée du défunt : or, ici, il n'y avait pas à présumer de volonté, puisque cette volonté était expresse en faveur du légataire. Ils étaient, au surplus, héritiers d'un ordre différent. Dans les coutumes, au contraire, qui admettaient l'institution d'héritier, l'héritier *ab intestat* ne pouvait exclure l'héritier testamentaire, pour la raison qui vient d'être dite. Mais cette exclusion avait lieu entre plusieurs héritiers institués.

Nous avons vu quelles personnes pouvaient être exclues, et déjà quelques-unes de celles qui pouvaient exclure. Entrons plus en détail dans l'étude de ces dernières.

Celui qui voulait user du droit d'exclusion à l'égard d'un autre, devait satisfaire à trois conditions, du moins dans la plupart des coutumes, en laissant de côté ce qui a trait aux institués par testament :

1° Pour pouvoir exclure l'héritier bénéficiaire d'une succession à laquelle il était appelé, il fallait être parent, sans qu'il soit besoin d'être parent en degré égal à lui, ni d'être appelé conjointement. La parenté suffisait, même à un degré plus éloigné : « *Alius existens in ulteriore gradu*, » dit Masuer. Les coutumes de Melun, Péronne, Lille, Nivernais s'en expliquaient. Les coutumes de Paris et d'Orléans le supposaient, notamment cette dernière. (Art. 339.)

Un étranger ne pouvait donc exclure l'héritier bénéficiaire.

2° S'il fallait être parent, pour pouvoir exclure l'héritier bénéficiaire, il fallait, de plus, être parent d'un
même ordre de parenté. Il fallait qu'entre l'exclu et
l'excluant, il n'y eût de différence que par rapport au
degré. « Cette exclusion s'entend quand il est lignager,
autrement non, » comme disait la Coutume de Nivernais.

S'il s'agissait d'une succession de propres, pour pouvoir exclure, il fallait être parent de la famille à laquelle appartenait cette succession. Dumoulin, sur
l'art. 22 de l'*ancienne Coutume de Paris*, n° 98, ré-
sumait cette seconde condition ainsi, en parlant d'un
frère utérin et d'un oncle paternel du défunt : « *Non
sunt heredes, quia licet succedant eidem personæ, tamen ad
diversa bona, et videntur plura patrimonia et hereditates
separatæ.* »

Si le mineur, comme nous l'avons vu, ne pouvait
exclure l'héritier plus proche, il pouvait exclure celui
qui était en pareil degré à lui; car, bien que son acceptation ne rendît guère meilleure la position des créanciers, elle injuriait cependant moins la mémoire du
défunt.

3° Celui qui voulait exclure l'héritier bénéficiaire
devait se porter tout d'abord héritier pur et simple. Un
cohéritier, qui d'abord aurait accepté sous bénéfice d'inventaire, n'eût pas été reçu à venir exclure ses cohéritiers, en renonçant au bénéfice. (Brodeau sur Louet,
II., n° 1, art. 4.) A l'article 6, nous trouvons un arrêt
qui décidait que les créanciers d'un parent, qui a eu ce
droit d'exclusion et n'a pas voulu l'exercer, ne pouvaient exclure comme exerçant les droits de leur débi-

teur, car l'honneur du défunt était un intérêt tout personnel à ses parents.

L'excluant devait se déclarer héritier pur et simple dans l'an, du jour de l'appréhension de l'hérédité sous bénéfice d'inventaire, c'est-à-dire du jour de l'entérinement des lettres.

Ce délai d'un an formait au surplus le droit commun des pays coutumiers.

Cette déclaration devait être signifiée à l'héritier bénéficiaire qui pouvait éviter l'exclusion, en se portant lui-même héritier pur et simple, et ce dans quarante jours à partir de la signification. Ce délai expiré, il était déchu du bénéfice d'inventaire par sentence. Les coutumes qui ne prescrivaient aucun délai à l'héritier bénéficiaire, pour lui permettre d'éviter, s'il le voulait, l'exclusion, abandonnaient sa fixation à l'arbitrage du juge.

Effets de l'exclusion. L'héritier exclu était censé n'avoir jamais été héritier; par contre, l'excluant était censé l'avoir été du jour de l'ouverture de la succession.

Le refus du bénéficiaire à se porter héritier pur et simple, avait un effet rétroactif au jour de l'ouverture de la succession. (Pothier, chap. III, sect. 5, art 3, § 5, *Des succes.*)

Mais, si on contestait à l'héritier bénéficiaire sa qualité d'héritier et de propriétaire durant l'année après laquelle il était exclu, et ce avec raison, on ne pouvait lui contester la qualité d'administrateur.

Tout ce qu'il avait fait durant ce temps, dans les limites d'une sage administration, était valable, même à l'égard de l'héritier pur et simple qui l'excluait. Etaient valables comme actes d'administration, les paiements faits par l'héritier bénéficiaire, et à l'héritier bénéficiaire. « Car la recette des dettes actives, et l'acquittement des dettes passives, dépendent d'une légitime administration. » (Lebrun, *Traité des successions*, liv. III, chap. IV, n° 45.) Etaient de même valables, les baux, les marchés pour réparations, faits sans fraude, la vente des choses périssables et des fruits.

Mais, *a contrario*, les hypothèques consenties par l'exclu n'étaient pas opposables à l'héritier pur et simple; sinon, l'exclusion n'eût servi à rien, et l'hypothèque n'a jamais été un acte d'administration.

Quant à la vente des biens de la succession, des meubles, par exemple, autres que les meubles périssables, elle était nulle. Mais si la vente avait eu lieu avec les formalités requises, la publicité et la solennité de celle-ci mettaient à l'abri les acquéreurs qui s'étaient reposés sur la foi publique. Et, du reste, il était facile à l'excluant de prévenir cette vente, en se portant de suite, aussitôt l'entérinement des lettres, héritier pur et simple. L'héritier n'avait d'autre droit en ce cas que de se faire rendre compte du prix.

Quant aux immeubles vendus par décret, ils ne pouvaient être revendiqués contre les tiers. Car le décret purgeait l'immeuble de la propriété de l'héritier pur et simple, et pour que le décret fût valable, il suffisait qu'il fût fait sur un propriétaire putatif; or, ici, cela se rencontrait; l'héritier bénéficiaire était de plus possesseur, *animo domini*. Du reste, l'excluant avait un moyen de prévenir cela, c'était de se porter héritier pur et simple, de suite, sans attendre l'expiration de l'année.

Si l'héritier bénéficiaire avait vendu sans décret, la vente était nulle, et l'excluant pouvait revendiquer ; si non, c'eût été rendre illusoire le droit d'exclusion ; car l'héritier bénéficiaire, dans la prévision de l'exclusion, se serait hâté de vendre tous les immeubles et d'en dissiper le prix.

De ce que l'héritier bénéficiaire avait été administrateur de la succession, il s'en suivait qu'il devait rendre compte à l'excluant qui devait, d'autre part, lui rembourser toutes ses avances légitimes. Ce compte avait beaucoup d'analogie avec celui qui se rendait aux créanciers, quand l'héritier bénéficiaire leur abandonnait les biens de la succession. Ce compte se composait de même de deux chapitres, l'un de recettes, l'autre de dépenses. Comme sanction de ses obligations d'administrateur, l'héritier bénéficiaire voyait aussi ses biens propres grevés d'une hypothèque, au profit de l'héritier pur et simple. Lebrun contestait cette analogie que Pothier établissait entre le compte que l'héritier bénéficiaire devait à l'héritier pur et simple, et celui qu'il devait aux créanciers à qui il abandonnait les biens de la succession : pour Lebrun, l'héritier bénéficiaire, qui rendait compte à l'excluant, ne lui devait pas les fruits et revenus des biens de la succession ; car il était possesseur de bonne foi, et comme tel, faisait les fruits siens. Pothier niait d'abord qu'il fût vraiment possesseur de bonne foi, comme l'entendaient les textes romains, et ensuite, même le fût-il, il ne gagnerait pas les fruits, car dans

l'action pétitoire d'hérédité, le possesseur même de
bonne foi devait les restituer.

Voir au surplus Pothier, chap. III, sect. III, art. 3,
§ 5, *in fine*, *des Succes.*; Dig., 1. 20, § 3, et 1. 56, *De he-
red. petitione*.

La seule différence qui existait entre le possesseur de
bonne et de mauvaise foi, c'était que le premier ne devait compte des fruits que *quatenus locupletior factus sit*,
le second au contraire devait les restituer tous.

CODE NAPOLÉON

Parmi les articles du chapitre v (liv. III, tit. 1), où notre Code étudie les divers partis que le successible peut prendre sur une succession à lui déférée, les uns sont généraux et s'appliquent, quelle que soit la détermination que le successible prendra, les autres spéciaux et consacrés dans diverses sections au développement des différents partis offerts à l'héritier, et notamment, dans la section III, aux effets de l'acceptation bénéficiaire, aux droits et obligations de l'héritier bénéficiaire. Nous expliquerons les uns dans un premier chapitre, sous la rubrique : *Dispositions préliminaires et droit d'option concédé au successible par la loi française.* Les seconds feront l'objet d'un autre chapitre où nous traiterons spécialement *du bénéfice d'inventaire.*

CHAPITRE I.

Dispositions préliminaires; — Droit d'option concédé au successible par la loi française.

Il est de principe, dans notre Code, que nul ne peut être forcé de recueillir les droits ouverts à son profit. En matière de succession, ce grand principe de liberté se trouve formulé dans l'article 775 C. Nap., qui dispose : « Nul n'est tenu d'accepter une succession qui lui est échue. » Remarquons que le but de l'article 775 n'est pas d'exiger de la part du successible une manifestation de sa volonté, pour en faire un héritier, mais de reproduire, assez maladroitement il est vrai, l'article 316 de la Coutume de Paris : « Il ne se porte héritier qui ne veut. » et de proscrire, par conséquent, de notre droit les héritiers nécessaires. C'est ce qui ressort, du reste, clairement des travaux préparatoires. Cette règle « n'est héritier qui ne veut » a dû être conservée, dit M. Siméon dans son *Exposé de motifs au Corps législatif* (Locré, t. X, p. 296, n° 30). M. Chabot de l'Allier, d'autre part, dans son *Rapport au tribunat*, dit : « Le droit français n'a jamais reconnu d'héritier nécessaire.» (Locré, t. X, p. 282, n° 32.)

Tout successible, qui réunit les qualités requises pour succéder, peut donc délibérer et choisir l'un des trois partis suivants, c'est-à-dire accepter purement et simplement, renoncer ou accepter sous bénéfice d'inventaire.

L'acceptation pure et simple fait passer à l'héritier

l'actif et le passif de la succession, et substitue sa personne à celle du défunt.

La renonciation enlève à l'héritier l'actif et le passif
et le rend complétement étranger à la succession. L'acceptation bénéficiaire confère à l'héritier l'avantage de
n'être tenu du passif héréditaire que jusqu'à concurrence
de l'actif par lui recueilli, actif qui, pour prévenir tout détournement, doit être constaté par inventaire. Quel est le
parti le plus avantageux au successible ? On ne peut le
dire absolument, cela dépend des circonstances. On est
tenté de croire dans la pratique, et la loi a cédé aussi à
cet entraînement, que, dans tous les cas, l'acceptation
bénéficiaire est le parti le plus prudent et le plus utile.
Néanmoins, il n'en est pas toujours ainsi. S'il est certain
que le *de cujus* a laissé plus de dettes que de biens, la
renonciation est préférable même à l'acceptation bénéficiaire, car cette dernière occasionne à l'héritier des ennuis et des dangers. Il est, en outre, un cas où la renonciation offre plus d'avantages à l'héritier que l'acceptation
même bénéficiaire, fût-il certain que l'actif dépassât de
beaucoup le passif. Ce cas ressort de la comparaison des
articles 843 et 845 C. Nap., au titre des *Rapports*.

L'acceptation pure et simple peut même être préférable à l'acceptation bénéficiaire, quand il est certain,
par exemple, que l'actif est supérieur au passif. L'héritier, en effet, évite dans ce cas des frais d'inventaire, de
déclaration au greffe et des complications nombreuses
dans la liquidation.

Chacun de ces trois partis offre donc, suivant les circonstances, des avantages spéciaux et incontestables.

Quoi qu'il en soit, toujours est-il que sous le Code Napoléon le successible a pleine liberté d'opter comme bon lui semble.

Sur ce droit d'option nous verrons successivement dans des sections diverses :

1° Les caractères juridiques du droit d'option ;

2° A partir de quelle époque le successible peut opter ;

3° Jusqu'à quelle époque il peut opter.

PREMIÈRE SECTION.

Caractères juridiques du droit d'option.

Un premier caractère juridique de ce droit d'option, c'est qu'il ne peut être entravé que par une disposition expresse de la loi.

Nous avons vu que, dans l'ancien droit français, en pays de coutumes, il était admis que, de deux héritiers se présentant ensemble, l'un pour accepter bénéficiairement, l'autre purement et simplement, ce dernier était préféré au premier, malgré l'éloignement du degré. Nous connaissons les motifs de cette préférence Pothier nous les répète après Masuer : « *Favore defuncti, favore creditorum, favore legatariorum.* » Ce droit paraissait à tous les jurisconsultes de l'ancienne France injuste et fort bizarre. Basnage l'attribuait « à de mauvais praticiens qui s'étaient persuadés que l'héritier absolu était toujours préférable à l'héritier bénéficiaire. » (Sur l'article 86 de la Coutume de Normandie.) Aussi n'existe-t-il plus dans notre Code. Ce droit était formellement aboli par un article 83 du projet présenté par Cambacérès. Cet article, il est vrai, ne se retrouve pas textuellement dans le Code Napoléon ; car, a-t-on dit, pour écarter toute idée de préférence de l'héritier pur et simple sur le bénéficiaire, il suffit de l'art. 774, ainsi conçu : « Une succession peut être acceptée purement et simplement ou sous bénéfice d'inventaire. » Nous avons vu aussi, dans l'ancien droit, que la succession de certaines personnes ne pouvait être acceptée bénéficiairement : par exemple, en vertu de l'article 16 de l'ordonnance de 1563, la succession des comptables, au moins pour ce qu'ils devaient au roi. Cette prohibition, qui avait été étendue à la succession de quelques autres personnes, ne s'appliquait pas, du reste, si les héritiers étaient mineurs.

Sous le Code Napoléon, nous ne trouvons aucune exception de ce genre ; car la loi garantit autrement l'Etat, au moyen de cautionnements et de priviléges.

Cela dit, ce n'est que dans deux cas où, par exception, la loi entrave la faculté d'opter.

Un premier nous est fourni par l'article 461 C. Nap., dont il nous faut rapprocher les articles 484 et 509. Quand une succession est dévolue à un mineur ou à un interdit, son tuteur qui le représente ne peut qu'accepter sous bénéfice d'inventaire ou renoncer. Le conseil de famille ne peut l'autoriser à accepter purement et simplement.

Nous trouvons un second cas où la loi entrave l'option : c'est celui que formule l'article 782. Nous allons y revenir dans un instant.

La loi seule peut donc interdire le droit d'option. *A contrario*, il ne peut l'être par la volonté d'un particulier.

On demande si le *de cujus* peut défendre à son héritier le bénéfice d'inventaire, en lui enjoignant d'accepter purement et simplement? Cette question est fort débattue.

Elle s'élève dans deux hypothèses différentes :

1° A l'égard des héritiers appelés par la loi, quand le *de cujus* a institué un légataire universel, pour le cas où le successeur *ab intestat* n'obéirait pas à la condition. Sans cette exhérédation, le successeur *ab intestat*, à qui pareille défense aurait été faite, laisserait tomber le testament et viendrait en vertu de la loi accepter sous bénéfice d'inventaire;

2° A l'égard du successeur appelé par la volonté même du *de cujus*, peu importe qu'ici il y ait ou non un légataire institué à défaut du premier.

Parmi les auteurs anciens, les uns soutenaient la validité de cette condition qui n'affectait que l'intérêt privé du successeur et ils argumentaient en ce sens de la loi 13, §1 (Cod., *Arbitr. Tutelæ*), où il est dit que le testateur peut défendre au tuteur de faire inventaire d'une succession laissée au pupille, et ensuite de cette institution coutumière connue sous le nom de droit d'exclusion, en vertu de laquelle l'héritier pur et simple, quoique plus éloigné en degré, pouvait exclure l'héritier bénéficiaire. Ce que la loi coutumière fait là, disaient ces auteurs, pourquoi le *de cujus* ne pourrait-il pas le faire de même, s'il trouve que cette acceptation bénéficiaire

injurie sa mémoire. (Montvallon, *Traité des succes.*,
chap. IV, art. 11.) Néanmoins l'opinion contraire avait
prévalu. Pothier (*Des succes.*, chap. III, sect. 3, § 2)
écrivait que cette défense était illicite : « La raison en
est que, quoiqu'un testateur puisse instituer son héritier
sous telles conditions que bon lui semble, ce ne peut
pas être, néanmoins, sous des conditions contraires aux
lois. » Pothier fait encore moins de doute à l'égard des
héritiers légitimes « qui tiennent de la loi leur qualité
d'héritiers, non du défunt. » (Lebrun, liv. III, chap. IV,
n° 5, *Des succes;* — Furgole, chap. X, sect. 3, n° 79.)
En pays de droit écrit, comme en pays de coutumes, on
considérait le bénéfice d'inventaire comme une institution de droit public, ce qui faisait dire à Domat : « que
le testateur ne peut défendre à son héritier de se déclarer héritier bénéficiaire, car cette disposition serait
contraire sinon à la lettre, du moins à l'esprit des lois,
sans autre usage que de satisfaire une fantaisie. » (Lois
civiles, *Des testam.*, liv. III, tit. I, sect. 7, n° 24.)

J'estime de même que dans le droit qui nous régit,
cette prohibition du *de cujus* est tout aussi radicalement
nulle que dans l'ancien droit. D'une part, pour les successeurs appelés *ab intestat* à la succession du défunt, ils
tiennent de la loi elle-même leur vocation ; or, la loi
qui la leur confère, leur accorde en même temps la
faculté d'opter. Il ne peut appartenir au *de cujus* de modifier cette vocation légale, en entravant leur liberté
d'option. Et il n'y a pas à distinguer ici entre la réserve
et la quotité disponible, à admettre que la prohibition
est nulle pour l'une, valable pour l'autre. Il est vrai que

quand le successible *ab intestat* n'est pas réservataire,
le *de cujus* peut bien le priver de toute son hérédité ;
mais dès qu'il ne la lui enlève pas, il est certain que le
successible qui la recueille *ex lege*, doit pouvoir la recueillir avec le libre choix d'opter comme bon lui
semble.

Quant à l'argument tiré de la loi 15, § 1 (*Arbitrium
Tutelæ*, Code), ce texte fait partie d'une constitution
antérieure à la loi 22 qui établit le bénéfice d'inventaire.
Du reste, il est impossible d'admettre en droit romain
que Justinien qui établit avec tant de soin le bénéfice
d'inventaire, au point de s'en montrer jaloux à l'excès,
ait eu l'intention de permettre à la volonté de l'homme
de déroger à une innovation dont il est à juste titre si
fier. Quant à l'argument tiré du droit d'exclusion con-
sacré par nos coutumes anciennes, non seulement il ne
prouve rien contre nous, mais au contraire il appuie
notre solution. En effet, ce droit d'exclusion prouve que,
dans notre ancien droit, l'acceptation bénéficiaire n'était
pas toujours vue avec grande faveur ; malgré cette défaveur, cependant déjà dans l'ancien droit, nous l'avons
constaté, notre opinion était celle de la majorité des auteurs. S'il en était déjà ainsi dans notre droit coutumier,
à plus forte raison doit-il en être de même aujourd'hui
que notre Code, loin de voir avec défaveur l'acceptation
bénéficiaire, l'impose quelquefois aux individus qu'il
veut favoriser. (Art. 461, 484, 809, Cod. Nap.) Nous
savons, au surplus, le blâme que rencontrait le droit
d'exclusion auprès des jurisconsultes de l'ancienne
France.

Vainement on objecte que le *de cujus* a institué un légataire pour le cas où le successeur *ab intestat* n'obéirait pas à la condition : cette disposition est nulle, car elle n'a d'autre but que de faire valoir indirectement une prohibition contraire à la loi. M. Demolombe dit « que ce serait là une clause pénale nulle comme la défense principale. » *Argum.* de l'art. 1227, Cod. Nap. (*Traité des succes.*, tom. III, n° 126.)

D'autre part, quant aux successeurs appelés par la volonté du défunt, cette prohibition doit être aussi regardée comme nulle, quoique ceux-ci tiennent du *de cujus* même leur vocation à l'hérédité. Or, dit-on, le *de cujus*, qui pouvait ne rien leur laisser, a bien pu mettre à sa libéralité telle condition qu'il lui plaisait; pourvu qu'elle n'eût rien de contraire à l'ordre public et aux bonnes mœurs.

Si l'interdiction du bénéfice d'inventaire est nulle à l'égard des successeurs appelés par la loi, c'est surtout pour ce motif que l'institution légale du bénéfice d'inventaire a en vue un intérêt public; or, ce motif, vrai à l'égard des uns, doit l'être aussi à l'égard des autres. Peu importe, il est vrai, à l'intérêt public que dans tel cas, tel successible accepte purement et simplement et se ruine volontairement; mais ce qui importe à l'intérêt public, c'est qu'en toutes circonstances le successible ait le pouvoir de choisir le parti qui lui plaît, au lieu de se laisser aveuglément entraîner dans les hasards, les pièges peut-être d'une acceptation pure et simple; c'est qu'il ne soit pas placé par le testateur lui-même entre deux extrêmes, la ruine, s'il accepte purement et simplement;

6

ou bien le néant, s'il renonce, alors que la loi, par une
institution prévoyante, a précisément en vue de fournir
au successible un terme moyen, un juste milieu entre
ces deux partis extrêmes. « C'est à ce point de vue,
écrit M. Demolombe, plus élevé, c'est comme institution
prévoyante et en quelque sorte tutélaire, que le bénéfice d'inventaire peut être considéré comme d'ordre
public. » (*Des succes.*, tom. III, n° 126.) L'acceptation
bénéficiaire est encore une institution d'intérêt général,
parce qu'elle prévient toute dilapidation de la succession et assure le bon ordre des familles. D'ordre public
et d'intérêt général, à ces divers points de vue, l'acceptation bénéficiaire ne peut être prohibée par la volonté
d'un particulier. (Argum. de l'art. 6, Cod. Nap.)

Un second caractère juridique du droit d'option, c'est
qu'il est transmissible. L'article 781 du Code Napoléon
dispose : « Lorsque celui à qui une succession est échue
est décédé sans l'avoir répudiée ou sans l'avoir acceptée
expressément ou tacitement, ses héritiers peuvent l'accepter ou la répudier de son chef. »

Un successible vient à mourir sans s'être prononcé
sur l'hérédité qui lui était déférée, ses héritiers, dans
ce cas, peuvent, soit y renoncer, soit l'accepter purement et simplement ou sous bénéfice d'inventaire,
comme il l'aurait fait lui-même. Cette disposition de
l'art. 781 va de soi; elle n'est que la conséquence des
principes posés par les articles 711, 723 et 724 sur la
saisine. Comment alors nous expliquer sa présence dans
le Code ? Son but est sans doute d'abroger les traditions
de l'ancienne jurisprudence romaine; en effet, nous

avons vu qu'en droit romain, les héritiers externes n'é-
taient investis de la propriété des choses héréditaires
que du jour de l'adition, et non pas par la loi elle-
même et du jour du décès. Un héritier externe meurt
après le *decujus*, mais sans avoir fait adition, il ne transmet
à ses héritiers aucun droit sur la succession à lui échue ;
la règle à cet égard se formulait en ces termes : « *Non
adita hereditas non transmittitur.* » Nous avons vu cependant cette règle souffrir, dans le droit nouveau des Cons-
titutions impériales, de nombreuses exceptions. Quoi
qu'il en soit, le but probable de l'art. 781 est d'abroger cette règle. Aucune difficulté ne s'élève si tous les
héritiers du successible sont d'accord, soit pour renoncer, soit pour accepter purement et simplement où sous
bénéfice d'inventaire.

Mais il est possible que, parmi eux, l'un veuille accepter purement et simplement, l'autre sous bénéfice
d'inventaire, le troisième enfin renoncer. Dans ce conflit que décider ? *A priori*, il semble que chacun doive
être libre de prendre parti comme bon lui semble ;
c'est ce qui est du reste décidé dans un cas analogue
prévu par l'art. 1475 Code Nap., au titre *du Partage
de la Communauté*. Mais, ni l'ancien droit français, ni de
nos jours le Code Napoléon, n'ont admis cette solution.
Pothier, au *Traité des successions*, nous enseigne que les
héritiers du successible n'étaient pas libres de choisir
chacun ce qui lui semblait préférable. La justice intervenait alors et recherchait le parti qui eût été le plus
avantageux au successible mort, le *quid utilius*, et le
faisait prévaloir. (*Des succes.*, chap. III, sect. 5, art. 2,

§ 2.) Un premier motif de cette solution était que le successible ne pouvait prendre qu'un parti, ses héritiers qui le représentaient devaient s'entendre pour n'en prendre qu'un seul aussi. C'était là une erreur; ce que le défunt avait transmis à ses héritiers, c'était le droit d'option, droit complexe qui se composait de plusieurs éléments. On aurait donc compris que chacun pût opter comme bon lui semblait.

Un second motif était que, des difficultés sur le parti à prendre, il pouvait résulter un conflit entre les héritiers d'un même successible, conflit que cette solution avait pour but de prévenir. Mais le meilleur moyen de lever ce conflit était de laisser à chacun sa liberté.

Dans la même hypothèse, l'art. 782 Code Nap. dispose : « Si ces héritiers ne sont pas d'accord pour accepter ou pour répudier la succession, elle doit être acceptée sous bénéfice d'inventaire. » Le Code Napoléon ne laisse pas à chacun sa liberté, il n'admet pas non plus la décision de l'ancien droit; ce n'est pas le tribunal qui fixe le *quid utilius*, c'est la loi elle-même qui ordonne que l'acceptation ait lieu sous bénéfice d'inventaire; on crut par là concilier tous les intérêts.

Plusieurs motifs de l'art. 782 ont été donnés. M. Treilhard, dans la discussion au conseil d'État, disait «que la fixation du *quid utilius* donnerait lieu à de longues contestations : la section a cru devoir en adopter une plus simple et qui ne nuit à personne. (Locré, tom. X, p. 108, n° 17.)

Premier motif. — L'art. 782 prévient toute contestation, cela est vrai; mais le moyen le plus simple de les empêcher, c'était de laisser chacun libre.

Deuxième motif. — L'acceptation bénéficiaire, en tout cas, est bien le *quid utilius*, le parti le plus sûr, car elle ne nuit à personne. Mauvaise raison. En effet, l'acceptation, même bénéficiaire, peut présenter des inconvénients graves pour l'héritier, une responsabilité sérieuse, des ennuis d'administration (art. 803 et suiv. Code Nap.), de plus, l'obligation du rapport. (Art. 843 Code Nap.)

On peut donc considérer l'article 782 comme une erreur législative; quoi qu'il en soit, il doit être observé. Néanmoins, au cas de désaccord entre les divers héritiers d'un même successible, il faut encore recourir aux tribunaux pour qu'ils aient à autoriser l'un ou l'autre des héritiers à faire l'acceptation bénéficiaire, car nul n'a qualité de plein droit pour la faire au nom des autres. (Demante, tom. III, art. 782, n° 102 *bis*, V.)

Un troisième caractère juridique du droit d'option est que ce droit est cessible aux créanciers du successible. La preuve en est dans l'art. 788 Code Nap., ainsi conçu :

« Les créanciers de celui qui renonce au préjudice de leurs droits, peuvent se faire autoriser en justice à accepter la succession du chef de leur débiteur en son lieu et place. » Et l'art. 1166 Code Nap. dispose : « Néanmoins, les créanciers peuvent exercer tous les droits de leur débiteur, à l'exception de ceux qui sont exclusivement attachés à la personne. » Or le droit d'option, quoique attaché à la personne, n'est pas un de ses droits essentiels et qui ne se comprennent pas en dehors d'elle, mais c'est bien plutôt un droit utile et qui, comme tel, pourra être exercé par ses créanciers.

DEUXIÈME SECTION.

A partir de quelle époque le successible peut-il opter ?

A ce point se rattache l'article 791 ainsi conçu : « On ne peut, même par contrat de mariage, renoncer à la succession d'un homme vivant, ni aliéner les droits éventuels qu'on peut avoir à cette succession. » Aux termes donc de l'article 791, tant que le *de cujus* est vivant, on ne peut renoncer à sa succession ; c'est donc, au plus tôt, à partir de son décès que le successible peut renoncer. Appliquons l'article 791 au cas d'acceptation anticipée soit pure et simple, soit bénéficiaire. La preuve en est dans l'art. 1130 Cod. Nap., ainsi conçu : « Les choses futures peuvent faire l'objet d'une obligation. On ne peut cependant renoncer à une succession non ouverte, ni faire aucune stipulation sur une pareille succession, même avec le consentement de celui de la succession duquel il s'agit. » Le motif de ces articles c'est que tout pacte sur successions futures, non encore ouvertes, tout parti pris à l'avance par le successible, avant l'ouverture de la succession, semblent à la loi des actes immoraux, car ils supposent dans l'intention de celui qui les fait un *votum mortis* pour le *de cujus*. La loi annule expressément dans l'article 791 la renonciation à une succession future, et reste muette quant à l'acceptation anticipée, se référant en ce point à la règle générale de l'art. 1130, parce que dans l'ancien droit français, dans certains cas, la renonciation anticipée était permise, tandis que jamais l'acceptation ne le fut. Cette abrogation était donc utile pour la renonciation, et il suffisait de l'article 1150 pour l'acceptation.

L'article 791 dit : « On ne peut, même par contrat de mariage, renoncer. » Ces mots ont particulièrement en vue d'abroger une tradition de l'ancien droit. Fort souvent on faisait intervenir au contrat de mariage de l'aîné les filles et puînés de la famille, et là, on les faisait renoncer à la succession du père commun ; mais cette renonciation n'était valable que si elle était faite par les filles ou les puînés majeurs. Aussi ces renonciations avaient-elles lieu la plupart du temps dans le contrat de mariage même de l'enfant à qui on donnait ou promettait une dot, au moyen de laquelle il renonçait. Certaines coutumes même autorisaient plus que ces renonciations ; elles établissaient une forclusion de droit des filles mariées, n'eussent-elles reçu pour dot qu'un « *chapel de rose.* » (Coutume de Normandie.) Et la raison qui avait fait établir ces renonciations et ces exclusions était, nous dit Pothier (chap. 1, sect. 2, art. 4, § 3, *Des succes.*), « pour conserver les biens dans la famille de celui à la succession de qui on fait renoncer les filles au profit des mâles, et soutenir, par ce moyen, la splendeur du nom. » C'était donc un but aristocratique, nécessaire à l'ancien régime. La loi du 15 avril 1791 abolit ces forclusions et ces renonciations conventionnelles anticipées, incompatibles avec le nouveau régime alors inauguré. Le Code Napoléon consacre de nouveau cette abolition par ces mots : « *même par contrat de mariage.* » Et il était utile qu'il le fît. Car sous les articles 1389 et suivants, la loi accorde une grande faveur aux disposi-

tions du contrat de mariage, et maintes clauses interdites d'ordinaire y sont permises.

La majorité des auteurs prétend que, pour que le
successible puisse valablement opter, il ne suffit pas que
le *de cujus* soit mort, il faut encore que le successible
connaisse cette mort qui a donné ouverture à la succession. Car, dit-on, on peut reprocher à l'héritier un *votum
mortis*, un acte immoral quand il prend parti avant de
connaître la mort du *de cujus* et sa vocation à l'hérédité.
Je crois que sous le Code Napoléon, nous ne pouvons
admettre cette seconde condition pour la validité de
l'acceptation ou de la répudiation, car nous ne la trouvons mentionnée dans aucun texte. On s'explique du
reste sous le Code l'absence de cette condition : en effet,
en premier lieu, on comprend une certaine différence
au fond entre les conséquences de ce *votum mortis* qu'on
reproche à l'héritier, suivant que le *de cujus* vit encore
ou bien qu'il a cessé déjà de vivre. Quand le *de cujus*
vit, l'acte est souverainement immoral non seulement
dans l'intention de celui qui prend parti, mais encore
dans l'opinion publique, et c'est surtout ce scandale
pour l'opinion publique que la loi a voulu prévenir.
Mais une fois que le *de cujus* est mort, le successible qui
opte, ignorant cette mort, commet bien toujours un acte
immoral au point de vue de sa conscience, mais au
moins l'opinion publique n'est pas aussi directement
outragée, car on peut croire qu'il prend parti en connaissance du décès.

En second lieu, on s'explique l'absence de cette condition dans le Code, car en fait il eût été trop difficile

de rechercher si le successible, lorsqu'il a pris parti, connaissait ou ignorait le décès du *de cujus*.

En théorie, les auteurs qui exigent le concours de ces deux conditions ont raison sans doute, mais, en pratique, je persiste à croire que la loi ne l'exige pas.

TROISIÈME SECTION.

Jusqu'à quelle époque le successible peut-il opter?

A priori et indépendamment de tout texte, il est certain que le successible ne peut être forcé de prendre parti immédiatement après le décès du *de cujus ;* il est donc nécessaire qu'il lui soit accordé un délai pour délibérer, mais d'autre part ce délai de délibération ne doit pas être illimité , car il y a des personnes intéressées à savoir au plus tôt à quoi s'en tenir. Le Code avait donc à sauvegarder deux intérêts opposés, celui de l'héritier et celui des créanciers et des légataires du *de cujus;* aussi, il n'exige pas du successible qu'il prenne parti de suite après le décès, mais il lui concède trois délais successifs que nous allons énumérer, en étudiant la position du successible sous chacun d'eux. Ces points sont traités dans la section III du bénéfice d'inventaire par les articles 795 à 800 inclusivement. Par leur place , ces articles semblent spéciaux au Bénéfice d'inventaire, mais, quoi qu'il en soit de la place qu'ils occupent, ils sont généraux et s'appliquent aux trois partis que le successible peut prendre ; car l'organisation de ces délais a positivement pour but de le mettre à même de se prononcer en connaissance de cause. Leur présence sous la section III s'explique par cette considération, que c'est à propos du bénéfice d'inventaire que se présente la nécessité d'un inventaire pour le successible, et le besoin de délais pour y procéder.

Premier délai dit légal ou de droit. — Ce délai est appelé légal, car il est concédé au successible de plein droit par la loi elle-même. L'article 795 Code Napoléon dispose : « L'héritier a trois mois pour faire inventaire, à compter du jour de l'ouverture de la succession; il a de plus pour délibérer sur son acceptation ou sur sa renonciation un délai de quarante jours qui commencent à courir du jour de l'expiration des trois mois donnés pour l'inventaire, ou du jour de la clôture de l'inventaire, s'il a été terminé avant les trois mois. » Cet article n'est, du reste, que la reproduction de l'article 1 du titre vii de l'ordonnance de 1667 qui fixait les mêmes délais.

Le successible a donc pour faire inventaire un délai de trois mois, à partir de l'ouverture de la succession, c'est-à-dire à partir du décès du *de cujus*, et de plus, un délai de quarante jours pour délibérer. Ce second délai de quarante jours commence du jour de la clôture de l'inventaire, s'il a été achevé avant les trois mois; sinon, il ne commence qu'à l'expiration des trois mois ; mais le successible pourrait employer même à l'inventaire ce délai de quarante jours ou une partie du moins. Tout ce qu'il en résultera pour lui, c'est qu'il aura d'autant moins de temps pour délibérer utilement. En effet, ce que veut la loi, c'est qu'il ne puisse être contraint de prendre parti avant l'expiration des trois mois et des quarante jours. C'est du reste ce qu'observait déjà Jousse sur l'ordonnance de 1667 (tit vii, art. 5).

Notons que quand la loi fait courir ces délais du jour
de l'ouverture de la succession, elle ne peut s'appliquer
raisonnablement que pour les héritiers du premier degré. Quant aux héritiers d'un degré subséquent, appelés
à défaut d'un renonçant, ces délais ne peuvent courir
que du jour de leur vocation à l'hérédité, c'est-à-dire
du jour de la renonciation du précédent. Nous savons
qu'en vertu de l'article 781, si l'héritier appelé par la
loi vient à mourir avant d'avoir pris qualité, ses propres
héritiers peuvent accepter ou répudier cette succession
de son chef, et comme faisant partie de sa propre succession ; ils auront donc par la force même des choses
trois mois pour faire inventaire et quarante jours pour
délibérer sur cette succession antérieure, à savoir, exactement les mêmes délais que la loi leur concède pour faire
inventaire et délibérer sur la propre succession de leur
auteur. Pendant ces délais légaux de trois mois et de
quarante jours, quelle est la position juridique du successible, c'est-à-dire ses droits et ses obligations vis-à-
vis des biens héréditaires et vis-à-vis des créanciers et
des débiteurs de la succession? Posons à ce sujet les
principes généraux des articles 723 et 724 du Code
Napoléon sur l'investiture légale de la propriété et de la
possession au prof : du successible.

Une fois la succession ouverte, voyons les effets immé-
diats de la dévolution d'une hérédité à un successible.
L'article 723 du Code Napoléon dispose : « La loi règle
l'ordre de succéder entre les héritiers légitimes; à leur
défaut, les biens passent aux enfants naturels, ensuite à
l'époux survivant, et, s'il n'y en a pas, à l'Etat. » Cet

article distingue deux catégories de successeurs : 1° les
héritiers légitimes, dits aussi successeurs réguliers; ce
sont ceux appelés en vertu d'un lien de parenté légitime,
à savoir : les descendants légitimes, les ascendants, les
collatéraux jusqu'au douzième degré, l'enfant légitimé,
(article 533, Code Napoléon), et enfin, l'enfant adoptif
dans la succession du père adoptif (article 350, Code
Napoléon); 2° les successeurs irréguliers, à savoir : les
enfants naturels, l'époux survivant et l'Etat. Joignons-y
les descendants légitimes de l'enfant naturel par rapport au père naturel, le père et la mère de l'enfant
naturel reconnu (article 765, Code Napoléon), les frères
et sœurs naturels de l'enfant naturel (article 766, Code
Napoléon), et enfin, les frères et sœurs légitimes de l'enfant naturel pour certains biens (même article 766,
Code Napoléon). Entre ces deux catégories de successeurs il existe une ressemblance. Les successeurs réguliers comme les irréguliers sont investis de la propriété
des biens héréditaires par la loi elle-même et du jour
du décès du *de cujus*. La preuve s'en trouve dans les
articles 711, 723, 756, 766, 767. De là cette conséquence que l'art. 781 déduit, à savoir, la transmissibilité. Mais sont-ils, les uns et les autres, investis de la
possession des biens héréditaires, et cela de la même
manière? Non; pour les uns, l'investiture de la possession
ou, ce qui est la même chose, la saisine, est légale. Pour
les successeurs réguliers, il n'y a point à distinguer entre
l'investiture de la propriété et l'investiture de la possession ou saisine, elles sont simultanées. (Art. 724, Cod.
Nap.) Pour les successeurs irréguliers, au contraire, ils

ne sont investis de la possession que par une décision
judiciaire ; pour eux, la saisine est judiciaire. (Art. 724,
in fine, et 770, Cod. Nap.).

Mais les uns comme les autres ne sont investis de la propriété et certains de la possession que provisoirement,
c'est-à-dire qu'ils peuvent faire tomber cette investiture
par la renonciation. (Art. 785, Cod. Nap.) Ces principes
posés, nous pouvons en déduire, comme conséquence,
la position juridique du successible pendant les délais
légaux. Le successible peut faire pendant ces délais
tous les actes provisoires, mais les actes définitifs lui
sont interdits; car il peut renoncer, et s'il renonce, il
est censé n'avoir jamais été héritier.

Les articles 796 et 797 du Code Napoléon appliquent
cette conséquence par rapport aux biens héréditaires et
par rapport aux créanciers et aux débiteurs du *de cujus*.
L'art. 796 dispose par rapport aux biens héréditaires :
« Si cependant il existe dans la succession des objets
susceptibles de dépérir ou dispendieux à conserver,
l'héritier peut, en sa qualité d'habile à succéder et sans
qu'on puisse en induire de sa part une acceptation, se
faire autoriser par justice à procéder à la vente de ces
effets. Cette vente doit être faite par officier public,
après les affiches et publications réglées par les lois sur
la procédure. »

Le successible peut donc vendre les objets difficiles à
conserver ; ce droit ne lui appartient qu'à deux conditions 1° autorisation de la justice. Elle se demande par
requête au président du tribunal de première instance du
lieu de l'ouverture de la succession; 2° la vente sera

faite par un officier public dans les formes établies pour
la vente des objets qui proviennent des saisies-exécu-
tions. (Code de proc. civ., art. 617 et suiv., 945 et
suiv., 986.)

Si dans cette vente, le successible n'a pas observé les
formalités à lui imposées, quel sera le sort de cette
vente? Elle est valable vis-à-vis des tiers, car elle émane
du véritable propriétaire. La conséquence de cette
inobservation des formalités sera que le successible qui
a disposé en maître sera réputé héritier pur et simple.
(Voir au Cod. de procéd., art. 988 et 989.) Cette sanction est, du reste, suffisamment indiquée dans l'art. 796,
par ces mots : « en sa qualité d'habile à succéder et
sans qu'on puisse de sa part en induire une acceptation.»
Ce sera une acceptation pure et simple de sa part, tacite
il est vrai, mais nous savons que l'acceptation peut être
tacite. (Art. 778, Cod. Nap.)

Le successible peut faire durant ces délais, avons-
nous dit, les actes provisoires; par conséquent il pourra,
même sans autorisation préalable, faire des actes d'administration et de conservation des biens, par exemple:
poursuivre des débiteurs afin d'interrompre une prescription, prendre ou renouveler des inscriptions. Ces
conséquences résultent évidemment de sa position juridique pendant ces délais. Elles sont, du reste, confir-
mées par l'art. 779 du Code Napoléon qui dispose que
« les actes purement conservatoires, de surveillance et
d'administration provisoire, ne sont pas des actes
d'adition d'hérédité, si l'on n'y a pas pris le titre ou la
qualité d'héritier. »

Quant aux rapports du successible avec les créanciers
du *de cujus*, l'art. 797 dispose : « Pendant la durée des
délais pour faire inventaire et pour délibérer, l'héritier
ne peut être contraint à prendre qualité et il ne peut
être obtenu contre lui de condamnation. S'il renonce
lorsque les délais sont expirés ou avant, les frais par lui
faits légitimement jusqu'à cette époque sont à la charge
de la succession. » Pendant ces délais, l'héritier peut
être poursuivi par les créanciers de la succession, car il
est investi de plein droit de la propriété des biens héréditaires. Les créanciers de la succession le poursuivent,
c'est leur droit, mais peuvent-ils le faire condamner ?
Non, car il est bien investi de la propriété et parfois de
la possession de plein droit, mais ce n'est que provisoirement. (Art. 785, Cod. Nap.) Quel intérêt les créanciers
du *de cujus* peuvent-ils avoir à poursuivre le successible
pendant le délai légal, puisqu'ils ne peuvent le faire
condamner ? Cet intérêt est facile à saisir. Leur demande,
quoiqu'elle ne puisse être jugée au fond, n'en est pas
moins pour cela justement formée; elle interrompra la
prescription. (Art. 2244, Cod. Nap.)

Le créancier, par ce moyen, aura donc conservé son
droit, soit contre l'héritier, s'il accepte plus tard, soit
contre tout autre qui viendra à son défaut; car, bien que
par sa renonciation, le successible soit réputé n'avoir
jamais été héritier (fiction qui n'est vraie que relativement à la dévolution des biens), il n'en a pas moins
toujours eu, pendant le délai que nous étudions, mandat
légal de représenter la succession. Le moyen de défense
que la loi offre au successible poursuivi, contre qui les

créanciers voudraient obtenir condamnation, consiste dans une exception dilatoire. (Cod. de procéd., art. 174.) Cette exception dilatoire se propose par une requête à Messieurs les président et juges du tribunal, laquelle requête est signifiée à l'avoué de la partie adverse. En opposant l'exception dilatoire, l'héritier qui délibère dira aux créanciers : votre prétention peut être juste, je ne discute pas sa valeur, quant à présent du moins, je suis dans le délai que la loi me concède pour délibérer, vous ne pouvez obtenir de condamnation contre moi. Cette exception est vraiment dilatoire, car son but direct et avoué c'est l'obtention d'un délai. L'organisation de cette exception dilatoire vient directement de l'ordonnance de 1667. En effet, dans le droit romain cette exception n'existait pas ; car, pendant le délai concédé à l'héritier, il était défendu complètement d'intenter aucune action contre lui. (Loi 22, *De jure deliberandi*.) Ce principe de la loi 22 passa dans notre ancienne jurisprudence et formait le droit commun des pays de droit écrit et de coutumes jusqu'à l'ordonnance de 1667.

L'héritier, assigné par les créanciers du *de cujus*, fera bien de ne pas négliger cette ressource que lui offre la loi. Car, supposons qu'il l'ait négligée et ait accepté le débat au fond, il aura commis une grave faute ; car le procès s'engagera et l'héritier imprudent pourra être condamné, bien qu'il soit dans les trois mois et quarante jours, à partir de l'ouverture de la succession. Cette exception dilatoire doit être proposée avant toutes défenses au fond. (Art. 174 et 186, Cod. de procéd. civ.)

Dans la poursuite dirigée par les créanciers héréditaires contre le successible qui a opposé l'exception dilatoire, des frais ont été faits. A la charge de qui seront-ils?

Nous connaissons la disposition de l'article 797 Code
Napoléon. Si le successible renonce après l'expiration
des délais ou avant, et ajoutons s'il accepte sous bénéfice
d'inventaire, ces frais seront à la charge de la succession
à une condition cependant, c'est qu'ils soient légitimes,
c'est-à-dire régulièrement faits. S'il accepte purement et
simplement, ces frais seront à sa charge. Ceux qui n'auront pas été faits légitimement, en toute circonstance restent à sa charge, quel que soit d'ailleurs le parti qu'il
prenne. Ainsi l'héritier supporte les frais d'une opposition par lui formée contre un jugement qu'il a laissé
prendre par défaut contre lui, au cas même où il viendrait à renoncer plus tard. (Art. 797, Code Napoléon.)

De même que, pendant ces délais, l'héritier peut faire
valablement tous les actes d'administration et de conservation, de même les créanciers et les légataires, pendant
ce même délai, peuvent valablement aussi faire des actes
et intenter des actions conservatoires; ce que l'art. 797
leur défend, c'est d'obtenir une condamnation contre le
successible. Ainsi ils peuvent faire des protêts, des sai-
sies dont l'exécution sera retardée jusqu'après les délais,
interrompre des prescriptions, former des demandes en
délivrance de legs pour donner cours aux fruits et aux
intérêts au profit des légataires. De plus, la demande
des créanciers, quoique paralysée par l'exception dilatoire, n'en est pas moins valablement intentée; elle fera
donc courir les intérêts (art. 1153, Cod. Nap., et 57

7

Cod, de proc. civ.), comme toute demande régu-
lière.

Second délai dit judiciaire ou de grâce. — L'art. 798 du
Code Napoléon est ainsi conçu : « Après l'expiration des
délais ci-dessus (délais légaux de trois mois ou de quarante jours, art. 795, 796, 797), l'héritier, en cas de
poursuites dirigées contre lui, peut demander un nouveau
délai que le tribunal saisi de la contestation accorde ou
refuse suivant les circonstances. » Les délais légaux sont
expirés sans que l'héritier ait fait inventaire ; dans ce
cas, dit l'article, s'il est poursuivi par les créanciers du
défunt, il peut, en s'adressant par requête au tribunal,
obtenir de lui, suivant les circonstances, un nouveau délai
pour faire inventaire et quarante jours pour délibérer,
ce qui sera jugé sommairement. (Art. 174-2° proc. civ.)
S'ils justifient, les successibles, que l'inventaire n'a
pu être fait dans les trois mois, il leur sera accordé un
délai convenable pour le faire et quarante jours pour
délibérer ; ce qui sera réglé sommairement. D'après
cette rédaction, l'art. 174, conforme du reste en cela
à l'ordonnance de 1667 (tit. vii, art. 4), ne semble autoriser la prorogation du délai que si l'inventaire n'a
pas été fait dans les trois mois et quarante jours. Mais
cet article de l'ordonnance n'était pas observé en pratique, et l'art. 798 Code Napoléon ne limite pas ainsi
le pouvoir du tribunal au cas seulement où l'inventaire
n'aurait pas encore été fait. Les juges ont donc à cet
égard un pouvoir discrétionnaire. M. Duranton et
M. Demolombe voient un de ces cas en dehors des termes de l'art. 174 du Code de procédure civile, où la

prorogation du délai .devra être accordée souvent au
successible par le tribunal, dans le fait que le successible recueille par droit d'accroissement la part ou les
parts d'un ou de plusieurs de ses cohéritiers rénonçants.
Pour ces auteurs, ils ne trouvent là avec raison qu'une
de ces circonstances dont parle l'art. 798, autorisant
les juges à proroger le délai de droit, mais il n'y a pas
pour eux un événement susceptible de modifier le point
de départ du délai de droit, comme au cas par exemple
de dévolution de l'hérédité à un parent plus éloigné par
la rénonciation du plus proche. (Duranton, t. VI, n° 470 ;
— Demolombe, t. II, n° 270, *Des succes.*)

Pendant ce délai de grâce, la position juridique du
successible est identiquement la même que dans le précédent ; c'est-à-dire que le successible pourra faire tous
les actes provisoires et de surveillance, et aura pour se
défendre contre les poursuites des créanciers une exception dilatoire. L'art. 799 du Code Napoléon dispose
d'autre part : « Les frais de poursuite, dans le cas de
l'article précédent, sont à la charge de la succession, si
l'héritier justifie, ou qu'il n'avait pas eu connaissance du
décès, ou que les délais ont été insuffisants soit à raison
de la situation des biens, soit à raison des contestations
survenues. S'il n'en justifie pas, les frais restent à sa
charge personnelle. »

Les frais faits pendant ces délais sont en principe à la
charge du successible. Pothier écrivait : « Que les frais
de ces continuations doivent être portés par l'héritier
qui est en retard. » (Chap. III, sect. 5, *Des succes.*) L'article ne distingue pas, pour les mettre à la charge du

successible, suivant qu'il accepte ou répudie la succession ; mais, par exception, les frais seront à la charge de la succession jusques et y compris les frais du jugement qui accorde un nouveau délai, s'il justifie qu'il a ignoré le décès du *de cujus* ou que les délais ont été insuffisants. Pourquoi dans ce délai le successible supporte-t-il en principe les frais, même au cas où il viendrait à renoncer ? C'est que, durant ce second délai, la loi est moins favorable au successible que durant le premier, car, hors le cas de cette double justification, on peut reprocher à l'héritier une certaine négligence. Le tribunal a un pouvoir discrétionnaire pour accorder ou refuser la prorogation du délai ; sa décision échapperait donc à la censure de la Cour de cassation. Le tribunal peut aussi accorder plusieurs délais successifs. « C'est aux magistrats, dit M. Demolombe, à leur prudence et à leur équité de concilier en ces occasions les intérêts des créanciers et des autres avec celui de l'héritier. » (T. II, n° 292, *Des succes*)

Troisième délai. — L'héritier a laissé passer les délais précédents sans prendre aucun parti ; l'action intentée contre lui, affranchie désormais de l'exception dilatoire, suit son cours, et dans ce cas, le successible peut être condamné, s'il ne s'empresse de renoncer ou d'accepter au moins sous bénéfice d'inventaire. Cela nous amène à constater que la seule échéance des délais légaux et judiciaires n'entraîne point contre l'héritier la déchéance du droit d'option. L'art. 789 du Code Napoléon est ainsi conçu : « La faculté d'accepter ou de répudier une succession se prescrit par le laps de temps requis pour la prescription la plus longue des droits immobiliers, » c'est-à-dire par trente ans. (Art. 2262 C. Nap.) Pendant trente ans donc, à partir de l'ouverture de la succession, le successible peut opter utilement. Mais, peut-on dire, à quoi bon alors les deux délais précédents (légaux et judiciaires), celui de trente ans semble les comprendre tous? Mais, il y a un grand intérêt pratique à distinguer ces différents délais ; car autre est la position juridique du successible pendant les délais de droit et de grâce, d'une part, et pendant le délai de trente ans, d'autre part.

Durant les deux premiers, évidemment il peut être poursuivi, mais il ne peut être condamné, nous l'avons vu, et la loi a mis pour cela à sa disposition une exception dilatoire. Durant ce délai de trente ans au contraire, non seulement il peut être poursuivi, mais encore condamné ; il n'a ici d'autre ressource contre la poursuite des créanciers et des légataires que de renoncer ou d'accepter bénéficiairement, sinon il sera condamné comme héritier pur et simple.

Etudions la position juridique du successible soit pendant le cours du délai de trente ans, soit après.

1° Et d'abord, pendant le cours du délai de trente ans, il est libre d'opter comme bon lui semble. Cette liberté nous est prouvée par l'art. 789 a contrario. Ce principe de liberté reçoit trois exceptions, nous connaissons déjà les premières. (Art. 461 et 782 C. Nap.) Ce sont deux cas d'acceptation bénéficiaire forcée. Une troisième exception se trouve dans l'art. 800. Le successible ne peut plus accepter bénéficiairement ni renoncer,

quand il a été sur la poursuite d'un créancier héréditaire, condamné comme héritier pur et simple. Nous
verrons plus loin la portée exacte de cette exception. En
résumé donc, durant le délai de trente ans, d'une part,
liberté d'opter en principe, sauf quelques entraves ; et,
d'autre part, une fois ce droit d'option exercé, le parti
que le successible a cru devoir prendre est, en règle
générale, irrévocable.

2° Après l'expiration des trente années à compter de
l'ouverture de la succession, un point certain, c'est que
le successible a perdu le droit d'opter. L'art. 789, en
effet, dispose : « La faculté d'accepter ou de répudier
une succession (c'est-à-dire le droit d'option) se prescrit » par trente ans. Il en était autrement dans l'ancien
droit français. Pothier soutenait que le successible était
toujours à temps de répudier une succession tant qu'il
ne l'avait pas acceptée, et de l'accepter tant qu'il ne
l'avait pas répudiée. (Introd. au tit. xvii de la Coutume
d'Orléans, n°s 43 et 66 ; — *Traité des succes.*, chap. iii,
sect. 4, § 2 ; — Furgole, *Des testam.*, chap. x, sect. 1,
n° 160.)

L'art. 789, sur ce point, est préférable à l'ancien
droit. Sans doute, il faut accorder au successible un délai pour prendre parti ; mais, d'autre part, l'intérêt des
créanciers et des légataires exige que ce délai ne soit
pas trop long. Le but et l'effet de l'art. 789 est donc de
sauvegarder cet intérêt légitime.

Allons plus loin et examinons, quand les trente ans
sont expirés, quelle est, plus en détail, la position juridique du successible. En un mot, après l'expiration des
trente ans, qu'est-il par rapport à la succession ?

Examinons successivement deux hypothèses : — ou
bien 1° pendant ces trente ans, le successible s'est abstenu de prendre aucun parti, sans faire une renonciation
formelle à l'hérédité; ou bien 2° pendant ce délai, le
successible a renoncé formellement à l'hérédité.

Première hypothèse. — Si, pendant trente ans, le successible s'est abstenu de prendre aucun parti, à l'expiration de ce délai il est réputé acceptant. Le motif en
est dans l'application des principes posés aux articles 711, 723, 724, Code Napoléon.

D'après eux, le successible est investi de la propriété
des biens héréditaires, de plein droit, par la loi elle-
même. Sans aucun doute, cette investiture légale n'est
pas nécessaire, irrévocable. (Art. 775, Code Napoléon.)
L'héritier peut la faire tomber par une renonciation formelle. (Art. 785, Code Napoléon.) Mais tant qu'il ne renonce pas, il demeure investi.

Si donc, durant trente années, il a conservé cette investiture, sans avoir protesté, l'état juridique que la loi
lui a conféré du jour du décès du *de cujus* continue à
son égard, et comme le droit d'option qui lui appartenait du jour du décès est prescrit (art. 789), il reste ce
que la loi elle-même l'a fait, c'est-à-dire héritier saisi,
sous l'obligation d'acquitter les charges de la succession.
Il est donc présumé acceptant. La preuve de cette solution se trouve dans l'art. 778, qui dispose que l'acceptation peut être tacite ; or, ce sera là une acceptation
tacite. Une autre preuve se tire de l'art. 784, qui dispose que la renonciation ne se présume pas, et la soumet à certaines formalités. Constatons, de plus, que ce

système est conforme aux principes généraux du droit
quant à la saisine d'abord, et ensuite, quant à la prescription qui ne fait que confirmer et rendre irrévocable
l'état de choses existant. On objecte à cette solution,
que le successible, réputé acceptant après l'expiration
du délai de trente ans, va se trouver grevé vis-à-vis des
créanciers de la succession d'un passif qui dépasse peut-
être de beaucoup l'actif, et cela à son insu ; car l'héritier
a pu ignorer le décès du *de cujus* pendant trente ans. Il
est donc injuste de le considérer comme acceptant définitivement la succession. Constatons d'abord qu'en fait,
il est peu probable que le successible, parent du *de cujus*, ignore son décès ; mais en droit, étant même admis
qu'il l'ait ignoré, le successible ne fait ici que subir les
inconvénients ordinaires de la prescription.

Deuxième hypothèse. — Pendant le délai de trente ans,
le successible renonce expressément ; il est donc désormais étranger à la succession, et sa renonciation est
en principe irrévocable ; mais, par faveur, et sous les
conditions de l'art. 790, la loi le relève de sa renonciation, en la considérant comme non avenue pour lui ; sa
renonciation une fois résolue, son droit d'option renaît,
et il peut accepter purement et simplement, ou sous
bénéfice d'inventaire ; mais, pour qu'il puisse exercer
ce droit d'option, il ne faut pas qu'il soit prescrit, et
nous savons qu'il se prescrit par trente ans, à compter
du décès du *de cujus* (art. 789, Code Napoléon). Si donc,
il est prescrit, la loi le relèverait inutilement de sa renonciation. Il est donc irrévocablement renonçant. Ici encore, la prescription du droit d'option ne fait que con-

firmer et rendre irrévocable l'état de choses antérieur.
La solution de cette deuxième hypothèse se trouve donc
dans la combinaison des articles 790 et 789. Et pour
nous, le but de l'article 789, pris isolément dans son
texte, est de limiter à trente ans la durée du droit d'option, qui, dans l'ancienne jurisprudence, ne se prescri-
vait par aucun délai ; l'art. 789 n'est donc qu'une dérogation à l'ancien droit.

Certains auteurs interprètent autrement l'article 789 ;
mais ils arrivent, en fin de compte, à fixer comme
nous la position juridique du successible, après l'expiration de trente ans, dans les deux hypothèses par nous
prévues plus haut. Pour ces auteurs, l'art. 789 résout
textuellement l'une et l'autre. La prescription que l'article 789 édicte, n'est pas la prescription d'une seule
faculté qui, selon nous, est celle d'opter, mais bien la
prescription de deux facultés ; ils lisent l'article ainsi :
la faculté d'accepter, ou la faculté de répudier une
succession se prescrit par trente ans : la faculté d'accepter, si le successible a renoncé formellement pendant le
délai de trente ans, et la faculté de répudier, si le successible n'a pris aucun parti durant ce même délai, se pres-
crivent après trente années écoulées, à partir du décès
du *de cujus*. Je ne crois pas que cette interprétation de
l'art. 789 soit exacte, car l'article a bien l'air d'avoir
trait à la prescription d'une seule et même faculté :
celle de répudier ou d'accepter, en un mot, à la faculté
d'opter, et non pas séparément et alternativement :
d'une part, à la faculté de renoncer ; d'autre part, à la
faculté d'accepter.

Quoi qu'il en soit au fond de la vérité de ce système, toujours est-il qu'il arrive aux mêmes résultats que le nôtre. Mais il y a beaucoup d'autres systèmes d'interprétation sur l'art. 789. Examinons les principaux :

Premier système adverse, professé par M. Duranton, tome VI, n° 488. — Dans ce système, quand le successible s'est abstenu pendant trente années, il est réputé renonçant. Je demanderai d'abord aux partisans de ce système ce que devient pour eux la disposition de l'art. 784 d'après laquelle la renonciation ne se présume pas.

Pour soutenir ce système, on invoque d'abord l'art. 775, Code Napoléon : « Nul n'est tenu d'accepter une succession qui lui est échue. » Or, dit-on, l'acceptation qui résulterait du seul laps de trente ans, sans aucun fait du successible, ne serait, en réalité, qu'une acceptation forcée. La loi attribue sans doute, dit-on, l'hérédité au successible; mais, pour qu'elle lui appartienne définitivement, il faut qu'il intervienne de sa part une manifestation de volonté. Si donc, pendant trente ans, cette manifestation de volonté fait défaut, s'il ne répond pas à l'offre de la loi, il sera réputé renonçant.

A cet argument, je réponds que, d'après les travaux préparatoires de l'art. 775, le but de cet article n'est pas de disposer que, dans notre droit actuel, le successible ait besoin de manifester sa volonté pour être investi de l'hérédité. Non, la loi actuelle fait à l'héritier plus qu'une offre de l'hérédité, «le mort saisit le vif.» Le successible est investi de plein droit de la propriété des

biens héréditaires; seulement, comme nul n'est héritier
qui ne veut, il peut faire tomber cette investiture par sa
renonciation. Que s'il reste trente ans investi sans la faire
tomber, la loi présume de sa part acceptation tacite, et
cette acceptation tacite n'est pas illégale, car l'art. 778
autorise les acceptations tacites.

Le but de l'art. 775, dans notre Code, est de proscrire
de notre droit les héritiers nécessaires, à qui le droit
romain interdisait la renonciation.

Dans ce système on oppose encore l'argument suivant : en admettant, dit-on, que la loi fasse au successible plus qu'une offre de l'hérédité, qu'elle l'investisse de
la propriété des biens héréditaires, cette investiture légale est une faveur qu'on ne saurait rétorquer contre
lui. J'observe d'abord que ce système, en supposant que
la saisine ne soit qu'une faveur pour l'héritier, la rétor-
que contre lui, car elle le suppose renonçant, alors
même que l'hérédité est peut-être fort opulente. Mais
je conteste que la saisine soit seulement une faveur pour
l'héritier, c'est aussi une charge; la preuve, art. 724
Code Napoléon : « Sous l'obligation d'acquitter toutes
les charges de la succession. » La saisine a donc lieu à
son avantage comme à son préjudice; en effet, n'avons-
nous pas vu que le successible saisi peut être, non seulement poursuivi, mais encore condamné, bien qu'il
n'ait pas accepté formellement, et en sa seule qualité d'investi légalement et d'habile à succéder, quand sont expirés les délais légaux et judiciaires, pendant lesquels il a
la faculté d'opposer l'exception dilatoire. C'est donc que
son investiture légale n'a pas lieu rien qu'à son profit ;

sinon, pendant trente ans, et tant qu'il n'aura.t pas accepté formellement, il ne pourrait pas être condamné. Donc, cette investiture peut être rétorquée contre lui et au bout de trente ans, quand il s'est abstenu pendant ce délai, il doit être réputé acceptant.

Comment du reste, dans ce système, expliquer les mots de l'article 789 : « la faculté d'accepter ou de répudier ; » la faculté d'accepter est perdue, mais la faculté de renoncer, qu'en font les auteurs qui adoptent cette opinion ? La plupart avouent que ces mots dans l'article n'y ont été insérés que par erreur ; où trouvent-ils la trace de cette erreur ? En conséquence, ils rayent ces mots dans l'article. Ce système, à raison même de sa simplicité à expliquer les textes, est inadmissible.

Second système adverse. — M. Delvincourt (tom. II, p. 31, note 6) a proposé un autre système d'interprétation, séduisant en apparence. Suivant lui, quand le successible s'est abstenu durant trente ans, il doit être réputé tout à la fois renonçant et acceptant : renonçant, vis-à-vis des personnes qui ont intérêt à sa renonciation ; acceptant, vis-à-vis de celles qui sont intéressées à son acceptation. C'est dans ce sens, selon lui, que l'art. 789 dit : la faculté d'accepter ou de répudier, l'une ou l'autre, suivant la personne qui agit ou contre laquelle il agit. Je repousse ce système à cause des principes du Code Napoléon sur l'investiture légale de la propriété, contenus dans les art. 711, 723 et 724. Le successible est investi par la loi elle-même et reste investi à l'égard de tous, puisque son investiture vient de la loi dont la volonté est supérieure à toutes volontés particulières ;

tant qu'il ne renonce pas expressément, l'investiture
reste à son profit comme à sa charge. Une même cause,
l'investiture légale, prolongée pendant trente ans, ne
peut produire deux effets aussi différents, l'acceptation
et la renonciation, car un individu ne peut pas être à
la fois héritier et ne l'être pas. Il est vrai que ce principe, nous allons le trouver modifié plus loin par cette
règle : « *Res inter alios judicata, aliis nec nocet, nec prodest.* » Mais ici cette règle n'a rien à faire, car l'investiture légale est un acte de la loi, elle a lieu aux yeux de
tous, elle intervient pour tous. Son effet doit donc être
absolu et indivisible. J'objecte en outre à M. Delvincourt cette règle d'équité : «*Ubi emolumentum, ibi et onus
esse debet.* » Grevez l'héritier du passif, mais par contre
conservez lui l'actif.

Et que devient dans ce système la disposition de l'article 784? La renonciation ne se présume pas, elle doit
être expresse.

Quant aux deux textes du droit romain, qui servent à
M. Delvincourt pour étayer son système, la loi 69 (Dig.,
De adquir. vel omitt. heredit.), d'une part, et la loi 22,
§14, *in fine* (Code, *de Jure deliberandi*), d'autre part, nous
avons déjà vu en droit romain la portée respective de
ces deux dispositions qui, opposées entre elles, s'expliquent historiquement, et n'ont du reste pas trait à notre
matière de la prescription. M. Delvincourt n'a pu en
argumenter qu'en confondant le droit ancien et le droit
nouveau qu'a introduit Justinien.

Les principes que nous avons posés sous l'art. 789,
sont appliqués par l'art. 800 Code Nap. à l'acceptation
sous bénéfice d'inventaire.

Cet article dispose : « L'héritier conserve néanmoins après l'expiration des délais accordés par l'art. 795, même de ceux donnés par le juge, conformément à l'article 798, la faculté de faire encore inventaire et de se porter héritier bénéficiaire, s'il n'a pas fait d'ailleurs acte d'héritier, ou s'il n'existe pas contre lui de jugement passé en force de chose jugée qui le condamne en qualité d'héritier pur et simple. »

Les délais de droit et de grâce sont expirés, sans que l'héritier ait pris parti ; pourra-t-il même encore faire inventaire et délibérer, et accepter la succession sous bénéfice d'inventaire? Oui, il le pourra pendant le délai de trente ans, à partir du jour de l'ouverture de la succession. Car, pendant ce délai, il peut opter comme bon lui semble, et le droit d'opter pour lui, c'est la liberté de choisir entre l'acceptation pure et simple ou bénéficiaire et la renonciation. Après l'expiration des trente années, il ne peut plus opter, car (art. 789) le droit d'option est prescrit; il est réputé héritier pur et simple. Pendant trente ans donc, liberté pour le successible de se porter héritier par bénéfice d'inventaire; mais il est des cas mentionnés par l'article que nous étudions, où, même pendant ce délai de trente ans, l'acceptation bénéficiaire lui est interdite exceptionnellement.

Première exception. — Tout le monde est d'accord, quand le successible a fait acte d'héritier, il est réputé héritier pur et simple, car il y a acceptation tacite de sa part. Il est héritier pur et simple à l'égard de tous.

Deuxième exception. — Le successible ne peut plus accepter bénéficiairement, s'il existe contre lui un ju-

gement passé en force de chose jugée qui le condamne
en qualité d'héritier pur et simple. Nous savons que les
créanciers du défunt peuvent poursuivre le successible
pendant les délais légaux et judiciaires ; il ne peut éviter la condamnation, qu'en opposant l'exception dilatoire. Une fois ces délais expirés, l'action valablement
intentée suivra son cours; pour se soustraire à la condamnation, l'héritier fera bien alors de renoncer, ou au
moins d'accepter bénéficiairement, *intra moras litis* : si
non, les créanciers obtiendront une condamnation contre
lui en qualité d'héritier pur et simple. Une fois cette
condamnation intervenue, et le jugement qui la pro-
nonce passé en force de chose jugée, comme dit l'article, l'héritier ne pourra plus se porter héritier bénéficiaire. Il sera héritier pur et simple. Mais les auteurs
sont partagés sur le point de savoir quel est l'effet de ce
jugement passé en force de chose jugée. Son effet est-
il absolu, de manière que le successible, contre qui il a
été obtenu, doive être réputé héritier pur et simple,
non seulement à l'égard du créancier qui a obtenu la
condamnation, mais encore à l'égard de toutes autres
personnes, même étrangères au procès, à l'égard, par
exemple, des autres créanciers de la succession; ou au
contraire, son effet n'est-il que relatif, c'est-à-dire limité
aux seuls créanciers engagés dans l'instance.

Voyons, avant d'aborder cette longue discussion, ce
qu'est un jugement passé en force de chose jugée.

Un jugement est dit passé en force de chose jugée,
quand il ne peut plus être attaqué par les voies ordinaires de réformation des jugements, qui sont l'appel

et l'opposition. Tant que le jugement n'est pas passé en force de chose jugée, le successible peut se porter héritier bénéficiaire, car rien n'est encore définitif; mais une fois cette force acquise au jugement, le successible est bien, il est vrai, héritier pur et simple à l'égard du créancier qui a obtenu la condamnation, mais il n'est pas réputé tel, vis-à-vis des autres créanciers qui ne l'ont pas poursuivi, c'est-à-dire qu'il conserve vis-à-vis d'eux le droit de se porter encore héritier bénéficiaire, même de renoncer. Le jugement n'a donc qu'un effet relatif.

Il est dans notre droit une règle essentielle que l'on formule ainsi : « *Res inter alios judicata, aliis nec nocet nec prodest.* » Un jugement n'a d'effet qu'entre les parties qui ont figuré dans l'instance. (Art. 1351, C. Nap.)

Cette règle se fonde sur deux motifs de raison.

Premier motif. — Un individu, par exemple un successible, a pu être condamné sur la poursuite d'un créancier, parce que peut-être, à cette époque, il n'avait pas entre mains la preuve de son droit. Mais quand viendront d'autres créanciers, il aura pu réunir ses moyens de preuve, et sera plus heureux pour établir son droit vis-à-vis de ceux qui le poursuivent actuellement; il serait donc injuste que ce successible fût réputé héritier vis-à-vis de tous.

Deuxième motif. — La vérité judiciaire n'est en tout cas qu'une vérité relative, ou plutôt une vraisemblance. Il est donc prudent de restreindre autant que possible l'effet de la vérité judiciaire entre les personnes qui ont été parties au procès.

La règle posée dans l'art. 1351 doit-elle être appliquée sous l'article 800 ? — Oui.

Premier moyen de preuve. — La règle de l'art. 1351 est générale ; elle doit donc être appliquée, à moins d'une dérogation expresse. Sous l'article 800 trouvons-nous cette dérogation expresse ? — Non, l'article se contente de nous dire que le successible, condamné comme héritier pur et simple, ne peut plus accepter bénéficiairement et reste héritier pur et simple, mais il ne nous dit pas à l'égard de qui le jugement qui l'a condamné a force de chose jugée. C'est l'article 1351 qui nous le dit.

Deuxième moyen de preuve. — Notre solution trouve sa confirmation dans les traditions de l'ancienne jurisprudence française. Pothier nous enseigne que l'héritier, condamné comme héritier pur et simple sur les poursuites d'un créancier, est bien forcé de payer à ce créancier les sommes qui lui ont été adjugées ; mais devient-il pour cela héritier vis-à-vis des autres créanciers ? Non, il pourra vis-à-vis d'eux répudier ou même accepter bénéficiairement. Et les motifs donnés par Pothier sont que le successible ne peut être héritier s'il ne veut, et que les autres créanciers n'étaient pas parties au procès (*Des Success.*, chap. III, sect. 5).

Troisième moyen de preuve. — Les travaux préparatoires nous servent à fortifier notre solution : en effet, dans le projet, il existait un article 67 qui disposait : « Celui contre lequel un créancier de la succession a obtenu un jugement même contradictoire, passé en force de chose jugée, qui le condamne comme héritier,

8

n'est réputé héritier, en vertu de ce jugement, qu'à l'égard seulement du créancier qui l'a obtenu. » C'est bien notre hypothèse, quoique cet article ne correspondit pas exactement à notre article 800.

Eh bien, sous cet article, on répète à l'envi la règle de l'article 1351, qui, dans le projet, formait l'art. 243 du titre *des Conventions*. M. Berlier, au Conseil d'État, fit observer que cet article 67 deviendrait inutile, si l'article 243 était adopté plus tard. Après cette observation l'article 67 fut retranché. Cette suppression prouve que les rédacteurs du Code avaient l'intention de se référer aux principes qu'ils établiraient sur l'article 243 du projet, aujourd'hui 1351 (Locré, t. X, p. 103 à 108).

Quatrième moyen de preuve.— Admettons qu'il suffise de la condamnation vis-à-vis d'un seul créancier, pour être réputé héritier pur et simple vis-à-vis de tous, il en résultera cette conséquence logique, mais trop rigoureuse, à savoir, qu'un successible contre qui un créancier aura obtenu en justice de paix une condamnation très minime, désormais irrévocable, se verra obligé envers tous les créanciers du *decujus* à toutes les dettes, aussi considérable qu'en soit le chiffre. La rigueur de cette conséquence, à elle seule, doit faire abandonner le système que nous combattons.

Cette solution n'est cependant pas généralement admise : beaucoup d'auteurs soutiennent le contraire, mais ils diffèrent dans leur système de preuve.

Les uns s'appuient sur ce qu'ils appellent l'indivisibilité de la qualité d'héritier. Le bon sens veut, disent-ils, qu'un même individu ne puisse pas à la fois être héritier et ne l'être pas. Ce système part d'une confusion entre la vérité absolue et la vérité judiciaire. Evidemment, au point de vue de la vérité absolue, la qualité d'héritier est indivisible ; mais la vérité judiciaire n'est qu'une vérité relative, une vraisemblance, comme nous le disions tout à l'heure, résultant, pour les tribunaux saisis de la contestation, de la plus ou moins grande valeur des preuves alléguées devant eux. La vérité judiciaire est donc relative et divisible en ce sens, qu'aux yeux du tribunal, un individu peut vis-à-vis d'une personne établir son droit clairement, ce qu'il ne pourra faire vis-à-vis d'une autre. La qualité d'héritier sera donc relative et divisible comme la vérité judiciaire l'est elle-même (argum. d'analogie tiré de l'art. 200, C. Nap.).

D'autres, pour soutenir la thèse contraire à la nôtre, s'appuient sur ce qu'ils appellent le quasi contrat judiciaire. D'après eux, le jugement prononcé entre le successible et un créancier du défunt revient à une convention intervenue entre les parties ; or, il est évident que si l'héritier avait consenti à être héritier pur et simple vis-à-vis d'un créancier, il le serait également vis-à-vis des autres. C'est encore une grave erreur que d'assimiler le jugement à une convention ; car il y a tout autant de différence entre l'acceptation volontaire et spontanée et un jugement, alors que le successible conteste, qu'il en existe entre un acte volontaire et forcé.

Pour soutenir la thèse inverse, on argumente encore du texte de l'article 800. Aux termes du texte, il y a deux cas de déchéance du bénéfice d'inventaire : 1° le cas d'acceptation pure et simple; 2° le cas d'un jugement passé en force de chose jugée, intervenu entre l'héritier et un créancier de la succession. La loi met sur la même ligne ces deux cas de déchéance : c'est donc que, dans sa pensée, ils doivent produire l'un comme l'autre un effet absolu. La loi, il est vrai, met sur le même pied, elle énumère, elle édicte deux déchéances; mais de là on ne doit pas en induire qu'elle leur attribue les mêmes effets : elle les juxtapose seulement, mais elle leur laisse produire tous les effets que les principes du droit commun leur reconnaissent séparément : à l'acceptation pure et simple, effet absolu ; au jugement passé en force de chose jugée, effet relatif (art. 1351).

M. Vallette (*Revue étrangère*, t. IX, p. 257 et suiv.) admet l'opinion contraire à la nôtre; et pour la prouver, il ne conteste pas que le principe de l'art. 1351 n'eût pu être très sagement appliqué dans l'article 800. Cet article 1351, dit-il, n'a rien à faire sous l'article 800. Pour lui, le jour, où le jugement rendu sur la poursuite d'un seul créancier a acquis force de chose jugée, est réputé par la loi un délai fatal, de rigueur, passé lequel, le successible ne peut accepter bénéficiairement. En effet, dit M. Vallette, l'ancienne jurisprudence romaine donnait au successible un délai de trois mois ou d'un an pour se porter héritier bénéficiaire; passé ce délai, l'acceptation bénéficiaire lui était interdite, et cela à l'égard de tous, mais il lui restait la faculté de renoncer encore. Ce délai était en usage dans les pays de droit écrit. Mais

un conflit s'était élevé à ce sujet entre les pays de droit
écrit et les pays coutumiers. Dans ces derniers, le successible était toujours à temps d'accepter sous bénéfice
d'inventaire, tant qu'il n'avait pas fait acte d'héritier.
Ainsi, quand une condamnation intervenait contre un
successible, en qualité d'héritier pur et simple, il était
réputé héritier pur et simple vis-à-vis du seul créancier qui avait obtenu jugement, mais il conservait à l'é-
gard des autres le droit d'accepter bénéficiairement et
même de renoncer. Pour les rédacteurs du Code, il y
avait à choisir entre la tradition romaine des pays de
droit écrit et la tradition des pays de coutumes. Le
Code, dit M. Vallette, n'a pas voulu prendre comme
délai fatal ce délai d'un an ; mais, d'autre part, il n'a
pas voulu non plus rendre perpétuel le droit de se porter héritier bénéficiaire. Il prit comme délai fatal, non
plus, il est vrai, un délai préfixe d'un an, mais un délai
variable suivant les circonstances, à savoir, le jour où
une condamnation irrévocable aura été obtenue contre
le successible en qualité d'héritier pur et simple.

M. Vallette cite, à l'appui de son opinion, un art. 88
du projet correspondant à notre article 800, où nous
trouvons à peu près les mêmes termes, sauf ces mots
qui ont disparu dans la rédaction définitive : « La faculté
d'accepter ne s'étend pas au delà d'une année. » La raison de cette disparition est, dit-on, facile à saisir : c'est
que le Code, au délai préfixe d'un an, a substitué un
délai, variable il est vrai, mais fatal, avec les mêmes
conséquences qu'avait autrefois le délai d'un an ; quand
le jugement sera donc irrévocable, le bénéfice d'inven-

taire sera interdit au successible, et cela comme il l'é-
tait autrefois après l'expiration du délai d'un an. Dans
cette opinion, ce serait le système des pays de droit
écrit que l'on aurait suivi. Mais il n'en est pas ainsi ; si
l'on cherche la véritable cause de la disparition des
mots plus haut cités de l'art. 88 du projet, ce ne fut pas
l'intention des rédacteurs de substituer au délai fatal et
préfixe d'un an un autre délai également fatal, mais
variable, suivant les circonstances. En effet, sur l'art. 88
du projet, on fit observer que jamais la faculté de se
porter héritier bénéficiaire n'a été limitée par un délai
quelconque, et immédiatement après on vota l'article
800 avec la suppression. Cela prouve donc que le système suivi par le Code fut le système coutumier.

Au système de M. Vallette, je puis encore reprocher
un manque de logique et de symétrie En effet, si le jugement passé en force de chose jugée, qui condamne
l'héritier en qualité d'héritier pur et simple, a un effet
général, absolu à l'égard de tous, il doit l'avoir, et pour
priver le successible du bénéfice d'inventaire et aussi de
la renonciation. La renonciation, il la conserve à l'égard
de tous les autres créanciers non engagés dans l'instance ; mais la faculté de se porter héritier bénéficiaire,
il la perd à l'égard de tous. Et cette solution me sur-
prend d'autant plus que c'est la faculté que le successible a le plus d'intérêt à conserver que la loi lui laisse,
alors qu'elle croit lui être le moins favorable.

CHAPITRE II.

Du Bénéfice d'inventaire.

Nous abordons ici spécialement l'étude du bénéfice d'inventaire, « de ce parti mitoyen, comme disait
Montvallon, entre l'acceptation pure et simple et la
renonciation, » en vertu duquel l'héritier qui y recourt
n'est tenu des dettes et charges du défunt que jusqu'à
concurrence des biens de la succession, et ne confond
point ses biens avec ceux du défunt. Nous avons, dans le
précédent chapitre, vu les avantages et les inconvénients de l'acceptation bénéficiaire, en la comparant à
l'acceptation pure et simple et à la renonciation. Ses
avantages sont incontestables ; aussi les rédacteurs du
Code n'hésitèrent-ils pas à lui donner place dans le projet qu'ils étaient chargés de rédiger. M. Treilhard, dans
l'*Exposé de motifs*, s'exprime ainsi : « On ne doit pas
laisser nécessairement l'héritier entre la crainte d'une
ruine totale, par une acceptation hasardée, et la certitude du dépouillement absolu par une renonciation méticuleuse. » (Locré, tome X, p. 195.)

Mais pour rappeler en deux mots ses inconvénients, elle
nécessite à l'héritier, d'une part, des frais, des ennuis,
des dangers, dans l'administration de la succession ;
d'autre part, elle ne dispense pas l'héritier qui y recourt
de l'obligation du rapport. (Art. 845, Code Napoléon)

A l'étude du bénéfice d'inventaire, le Code Napoléon consacre la section III du chapitre v. (Liv. III,

tit. 1ᵉʳ); mais dans la série d'articles qui la composent, plusieurs ont déjà été appliqués par nous précédemment; nous n'y reviendrons pas. Nous diviserons l'étude du bénéfice d'inventaire en quatre sections, où nous étudierons successivement :

1° Les conditions de l'acceptation bénéficiaire;

2° Ses effets;

3° Les droits et les obligations de l'héritier bénéficiaire comme administrateur;

4° Causes de nullité et de déchéance du bénéfice d'inventaire.

PREMIÈRE SECTION.

Conditions de l'acceptation bénéficiaire.

Les conditions du bénéfice d'inventaire, telles que la loi les exige, sont au nombre de deux :

1° Une déclaration au greffe, faite par le successible, qu'il n'entend accepter la succession à lui déférée, que sous bénéfice d'inventaire;

2° Rédaction d'un inventaire des biens de la succession.

Première condition. — Nous avons vu qu'autrefois, en pays coutumiers, l'héritier qui voulait accepter sous bénéfice d'inventaire, devait obtenir des lettres dans les chancelleries près les Parlements. La nécessité de ces lettres a été abolie par la loi des 7 et 11 septembre 1790 (art. 21). Elles furent remplacées dans le droit intermédiaire par une demande en justice.

Notre Code n'exige plus, ni ces lettres, ni une demande en justice; mais il concède directement le bénéfice d'inventaire à tout successible qui se sera conformé
aux conditions qu'il édicte. Et d'abord il faut une déclaration au greffe.

L'art. 793, Code Napoléon, dispose : « La déclaration d'un héritier, qu'il entend ne prendre cette qualité
que sous bénéfice d'inventaire, doit être faite au greffe
du tribunal de première instance, dans l'arrondissement duquel la succession s'est ouverte ; elle doit être
inscrite sur le registre destiné à recevoir les actes de
renonciation. » En droit romain, nous ne trouvons pas
cette première condition exigée ; c'est que, dans les
principes romains, l'héritier externe ne recevait que
l'offre de l'hérédité. En droit français, il est investi de
l'hérédité par la loi elle-même; cette investiture légale
subsiste, s'il n'y a, de la part de l'héritier, protestation formelle de la faire tomber. C'est ce qui explique
la nécessité d'une renonciation expresse et formelle.
(Art. 784, Code Napoléon.) De même, si l'héritier veut
limiter les effets de cette investiture légale, il faut, de sa
part, une protestation formelle. (Art. 793, Code Napoléon). Cette analogie entre la renonciation et l'acceptation bénéficiaire, quant à la condition que nous étudions, est prouvée par la comparaison des art. 793 et
784. C'est au greffe du même tribunal, sur le même
registre, que ces deux protestations doivent être inscri-
tes. Pour l'acceptation bénéficiaire comme pour la
renonciation, la publicité est essentielle. L'intérêt des
tiers, et en particulier, des créanciers de la succession,

l'exige ainsi; car les créanciers peuvent avoir des me-
sures conservatoires à exercer : ils peuvent requérir
l'apposition des scellés, demander une caution, former
des oppositions. (Art. 807, 808, 809, 820, 821, Code
Napoléon.) La loi a cru rendre cette publicité plus effi-
cace, en ordonnant que l'acceptation bénéficiaire et la
renonciation soient faites sur le même registre.

L'art. 794 nous dit que la déclaration au greffe peut
précéder ou suivre l'inventaire, pourvu que, si elle le
précède, l'inventaire soit fait dans les délais que nous
avons énumérés plus haut. Qu'arriverait-il si l'héritier
se contente de faire sa déclaration au greffe, sans faire
l'inventaire dans la suite. Dans ce cas, l'héritier n'aura
pas, comme on pourrait le croire, la faculté de renoncer encore. Il a accepté, il est vrai, bénéficiairement;
mais il a accepté, il ne peut donc plus renoncer. Il est
vrai qu'il ne peut se prévaloir des avantages de l'acceptation bénéficiaire, qu'en accomplissant les conditions
que la loi édicte ; s'il n'y a pas satisfait, il ne jouira pas
des avantages, mais son acceptation restera pure et
simple.

Après cette déclaration, il ne lui reste donc plus que
l'alternative entre l'acceptation pure et simple et la bénéficiaire.

Dès qu'il lui reste cette alternative, je crois que, même
au cas où sa déclaration aurait précédé l'inventaire, il
devra jouir encore du délai pour faire inventaire et délibérer entre ces deux acceptations. (Demante, tome III,
n° 117 bis.)

Cette déclaration est obligatoire pour tout héritier qui

veut'jouir du bénéfice d'inventaire, même pour ceux à qui la loi impose l'acceptation bénéficiaire. Cela ne souffre aucune difficulté sans doute pour les héritiers d'un successible qui meurt sans avoir pris parti, et qui, d'après l'art. 782, au cas de désaccord entre eux, doivent accepter bénéficiairement. Mais, pour les mineurs et les interdits, des auteurs soutiennent que la déclaration au greffe est inutile. (Vazeille, *des Succes.*, art. 793.) Je crois que, dans tous les cas, il faut qu'elle ait lieu : car, d'abord, l'art. 793 ne distingue pas, et de plus, cette déclaration intéresse au plus haut point les tiers; sans elle, en effet, on pourrait souvent être incertain sur' le point de savoir si la succession a été ou non acceptée au nom du mineur et de l'interdit. Le tuteur aura donc soin de faire cette déclaration sous sa responsabilité, c'est-à-dire que, malgré son défaut, le mineur ou l'interdit ne sera pas déchu du bénéfice d'inventaire, mais le tuteur sera obligé d'indemniser les tiers qui en éprouveraient quelque préjudice. (Voir Demolombe , *des Success.*, tome III, nº 155.)

L'héritier n'est pas tenu de faire cette déclaration en personne. Il peut donc être représenté au greffe par un fondé de pouvoirs, muni, à cet effet, d'une procuration spéciale, laquelle devra rester annexée au registre; mais elle n'a pas besoin d'être authentique.

Seconde condition. — Rédaction d'un inventaire des biens de la succession.

L'héritier doit-il faire apposer les scellés? Non, il le peut ; mais ce n'est pas une nécessité pour lui. Pour mettre sa responsabilité à couvert, avant de procéder à la rédaction de l'inventaire, il fera bien d'en requérir l'apposition. (Art 810, Code Napoléon.) Sur cette condition de l'inventaire, l'art. 794, Code Napoléon, dispose : « Cette déclaration (art. 793) n'a d'effet qu'autant qu'elle est précédée ou suivie d'un inventaire fidèle et exact des biens de la succession, dans les formes réglées par les lois sur la procédure, et dans les délais qui seront ci-après déterminés. »

A en croire l'art. 794, ce sont tous les biens de la succession qui devraient être décrits et estimés dans l'inventaire; mais dans son sens juridique, et c'est dans ce sens qu'il faut l'entendre ici, l'inventaire ne comprend que la description des biens meubles, des titres et papiers du défunt, toutes choses qui sont susceptibles d'être détournées facilement.

Quels sont les motifs qui justifient la nécessité de l'inventaire? Un premier motif de cette condition se trouve dans l'intérêt des créanciers et des légataires ; grâce à cet inventaire, s'il est fidèle et exact, il ne pourra plus y avoir dilapidation par l'héritier du patrimoine de l'hérédité.

Un second motif est puisé dans l'intérêt du successible; car l'un des avantages que doit lui conférer l'acceptation bénéficiaire, c'est de n'être pas tenu sur son patrimoine propre des dettes et charges de la succession. L'inventaire a donc pour but de faciliter cette séparation de patrimoines qui l'intéresse au plus haut degré.

Ces motifs étant donnés, nous voyons que cette condition du bénéfice d'inventaire, à savoir, la rédaction de l'inventaire est tout à la fois d'intérêt public et d'intérêt privé : car, d'une part, elle assure au successible la séparation de son patrimoine d'avec celui du *de cujus*, et, d'autre part, elle prévient toute contestation sur le *quantum* et la valeur des choses héréditaires et toute dilapidation de la part de l'héritier. De là il résulte, ce qui du reste a lieu pour la première condition également, laquelle est exigée dans un but de publicité à laquelle les tiers sont intéressés, il résulte, dis-je, que le testateur ne pourrait en dispenser l'héritier, tout en voulant lui assurer les avantages que la loi attribue à l'acceptation bénéficiaire.

Les deux conditions, tant la déclaration au greffe que la rédaction de l'inventaire, sont donc des conditions essentielles du bénéfice d'inventaire.

La loi ne se contente pas d'exiger un inventaire quel qu'il soit; pour remplir le but qu'elle lui assigne, il faut que cet inventaire soit à la fois fidèle et exact (article 794). S'il est à la fois infidèle et inexact, il est certain que l'acceptation bénéficiaire sera non avenue. L'art. 801, Code Nap., est ainsi conçu : « L'héritier qui s'est rendu coupable de recelé, ou qui a omis, sciemment et de mauvaise foi, de comprendre dans l'inventaire des effets de la succession, est déchu du bénéfice d'inventaire, » c'est-à-dire qu'il est réputé héritier pur et simple. Si nous supposons l'inventaire affecté d'un de ces vices seulement, l'héritier n'est pas pour cela déchu du bénéfice d'inventaire.

Un inventaire, par exemple, est infidèle, mais exact: infidèle, c'est-à-dire que le successible, persuadé que

tel effet mobilier fait partie de la succession, l'omet
sciemment et de mauvaise foi ; exact, car il s'est trompé,
et à tort il a cru que cet effet mobilier faisait partie de
la succession, quand en réalité il ne lui appartenait pas;
l'héritier n'encourra aucune déchéance, car les créanciers ne souffrent en aucune façon de cette omission.
Mais si, par contre, l'inventaire est fidèle, mais inexact,
aucune déchéance n'est prononcée non plus contre l'héritier, qui ne peut être déchu qu'autant qu'il a omis
sciemment et de mauvaise foi un effet de la succession.

L'omission dans l'inventaire d'un ou de plusieurs
objets de la succession, faite par erreur, ne préjudicie
pas à l'héritier ; mais, au cas échéant, il doit faire compléter l'inventaire quand il découvrira l'erreur.

Dans le droit romain, l'héritier n'était pas déchu du
bénéfice d'inventaire, il était puni de la peine du double. Dans l'ancien droit, la jurisprudence du parlement
de Paris était déjà de réputer héritier pur et simple
l'héritier coupable.

Si le défunt n'a laissé aucun effet mobilier, l'héritier,
pour satisfaire à la condition de l'inventaire, doit faire
dresser un procès-verbal de carence. (Art. 924, Code
proc. civ.)

L'inventaire est une condition *sine qua non* de la
jouissance du bénéfice d'inventaire; en principe, il doit
être dressé à la requête de celui qui veut jouir indivi-
duellement du bénéfice; seulement, afin de ne pas mul-
tiplier les frais outre mesure, on est d'accord, en pratique, que si l'inventaire avait déjà été dressé par d'au-

tres personnes, par exemple, un héritier renonçant, un curateur à la succession vacante, le *de cujus* lui-même, il suffirait au successible d'en faire le récolement et d'ajouter l'estimation, si elle n'avait pas eu lieu, ou de la rétablir exactement. (Chabot, *Des succes.*, art. 794, n° 2.)

Sans récolement même, entre divers cohéritiers, l'inventaire dressé par l'un peut servir aux autres qui subiront, bien entendu, les conséquences des vices de cet inventaire, à moins de prouver qu'ils ont agi de bonne foi dans l'ignorance de ces vices. (Vazeille, article 794, n° 12; Chabot, 794, n° 3.) Pothier nous donnait déjà ces solutions. *(Des succes.*, chap. iii, sect. 3, art. 2, § 3.)

L'article 794 ajoute : « Fidèle et exact, et dans les formes réglées par les lois sur la procédure, et dans les délais ci-après déterminés. » De ces mots de l'article nous voyons que l'inventaire, outre qu'il doit être fidèle et exact, doit être de plus régulier, comme dit M. Demolombe. (Tom. III, n° 140, *Des succes.)* Les articles 942, 943, 944, au Code de procédure civile, nous indiquent les formalités de l'inventaire.

La rédaction de l'inventaire est confiée par la loi à un officier public, aujourd'hui un notaire dont le choix appartient à l'héritier. S'il y avait plusieurs héritiers, et qu'ils fussent en désaccord sur ce choix. c'est le tribunal qui désignera le notaire.

L'inventaire doit-il avoir lieu en présence des créanciers connus? Non, il suffit d'appeler à l'inventaire les opposants, ce ne sera même là qu'une démarche con-

venable, et non une nécessité : car les créanciers, même
opposants, ne sont pas au nombre des personnes dont
l'art. 942 Code de proc. civ. exige la présence. La loi
ne requiert la citation des créanciers opposants ou non
opposants que pour la levée des scellés. (Art. 931, Code
de proc. civ.) Mais tous peuvent requérir l'inventaire.
(Art. 941, Code de proc. civ.)

L'art. 943 proc. civ. énumère les divers éléments
de la rédaction de l'inventaire.

L'art. 944 proc. civ. prévoit le cas où des difficultés
s'élèvent au moment de l'inventaire entre les diverses
personnes présentes à sa confection, et fournit le moyen
de faire vider ces différends.

L'irrégularité de l'inventaire, c'est-à-dire l'omission
de quelques-unes des formalités de l'art. 943, ne doit
faire déchoir l'héritier du bénéfice d'inventaire que s'il
y a eu fraude de sa part dans l'omission des formalités
substantielles. (Demolombe, *Des successions*, tom. III,
n° 145.)

Chabot se montre trop rigoureux, quand il écrit que
l'inobservation des formalités prescrites par cet article
rendrait l'inventaire irrégulier, et ferait déchoir l'héritier du bénéfice d'inventaire. (*Des succes.*, art. 794,
n° 5.) Ce système est trop absolu, dans le cas, par
exemple, où l'irrégularité de l'inventaire ne provien-
drait que de la faute du notaire, comme s'il avait omis
de signer cet inventaire. L'héritier innocent pourra
recommencer dans ce cas l'inventaire à ses frais, sauf
cependant son recours contre le notaire, s'il y a lieu.
(Vazeille, art. 794, n° 8.)

L'art. 794 ajoute : « et dans les délais qui seront ci-
après déterminés. » Nous avons longuement étudié ces
délais dans notre précédent chapitre, nous n'y reviendrons pas.

DEUXIÈME SECTION.

Effets de l'acceptation bénéficiaire.

C'est une des sections les plus importantes de la matière. Nous étudierons ses effets par rapport aux deux
catégories de successeurs que distingue l'art. 723 du
Code Napoléon : les successeurs réguliers et les successeurs irréguliers. Cette double étude fera l'objet de deux
paragraphes.

§ 1.

Effets de l'acceptation bénéficiaire par rapport aux successeurs réguliers.

A l'égard des successeurs réguliers, l'acceptation bénéficiaire produit trois effets qu'énumère l'art. 802 du
Code Napoléon, ainsi conçu :

« L'effet du bénéfice d'inventaire est de donner à
l'héritier l'avantage : 1° de n'être tenu du paiement des
dettes de la succession, que jusqu'à concurrence de la
valeur des biens qu'il a recueillis, même de pouvoir se
décharger du paiement des dettes, en abandonnant
tous les biens de la succession aux créanciers et aux
légataires. »

Ce primo de l'article contient, en réalité, deux effets
que nous étudierons successivement.

9

« 2° De ne pas confondre ses biens personnels avec
ceux de la succession, et de conserver contre elle le droit
de réclamer le paiement de ses créances. »

Reprenons chacun de ces effets en détail.

Le premier effet, c'est que l'héritier n'est tenu des
dettes de l'hérédité que jusqu'à concurrence des biens
héréditaires. En principe, le successeur régulier, investi
de l'hérédité par la loi elle-même et du jour du décès,
doit acquitter toutes les dettes du *de cujus,* même *ultra
vires hereditatis;* il continue sa personne et répond de
ses engagements comme le défunt l'eût fait lui-même.
S'il recourt à l'acceptation bénéficiaire, l'héritier échappe
par là même à cette obligation aux dettes *ultra vires,* et
n'en répond désormais que jusqu'à concurrence des
biens héréditaires *(intra vires hereditatis),* dont il est facile d'évaluer le *quantum* au moyen de l'inventaire
rédigé par ses soins. L'héritier n'est bien tenu qu'*intra
vires,* c'est-à-dire jusqu'à concurrence de la quotité des
biens héréditaires; mais dans cette limite, d'après le
texte de l'art. 802, il semblerait qu'il puisse être poursuivi sur ses biens personnels, si par exemple ses biens
personnels sont plus à portée des créanciers du *de cujus.*

Les créanciers du *de cujus* le peuvent-ils ? Non ; de
l'effet du bénéfice d'inventaire que nous étudions, résulte la séparation du patrimoine de l'héritier de celui
du défunt, qui seul restera le gage des créanciers de
l'hérédité, sans que ceux-ci puissent rien contre son
patrimoine personnel. C'est dans ce sens seulement que
la loi dit que l'héritier bénéficiaire n'est tenu que jusqu'à concurrence de la valeur des biens qu'il a re-

cueillis. La preuve se trouve dans le secundo de l'article 803, Code Napoléon, *a contrario.* « Il ne peut être contraint sur ses biens personnels qu'après avoir été mis en demeure de présenter son compte, et faute d'avoir satisfait à cette obligation. » C'est donc par exception seulement qu'il est tenu sur ses biens personnels. Ce n'est là, du reste, que les traditions générales de l'ancien droit français. Pothier le déclare formellement dans son *Traité des Successions* (chap. iii, sect. 5, art. 2, § 1). « L'acceptation sous bénéfice d'inventaire, écrit-il, ne diffère de l'acceptation pure et simple qu'en ce qu'elle donne à l'héritier le bénéfice de n'être point tenu des dettes de la succession sur ses propres biens. » Ce premier effet du bénéfice d'inventaire est donc de dispenser l'héritier qui y recourt de l'obligation aux dettes *ultra vires.* Notons en passant que ceux qui, d'après la loi, ne sont tenus qu'*intra vires hereditatis* n'ont pas d'intérêt à ce premier effet.

Second effet. — Le texte de l'article 802-1° continue : « même de pouvoir se décharger du paiement des dettes, en abandonnant tous les biens de la succession aux créanciers et aux légataires. »

Cet abandon est appelé par la doctrine le délaissement. L'ancienne jurisprudence le qualifiait improprement renonciation. Pothier distinguait déjà avec soin cette renonciation spéciale de la répudiation proprement dite. (*Introd.* au tit. xvii de la Cout. d'Orl., n° 53.) Il faisait en cela une juste application de la maxime, *semel heres, semper heres.* (*Des succes.,* chap. iii, sect. 5, art. 2, § 8.) Sans cette faculté de délaisser, que Pothier

réconnaissait et que l'article 802 reconnaît à l'héritier
bénéficiaire, celui-ci serait tenu d'administrer, quoiqu'il soit bien certain que les biens de la succession ne
suffiront même pas à désintéresser intégralement tous
les créanciers. C'eût été une injustice que de le condamner à administrer lorsqu'il n'a pas, comme dédom-
magement, l'espérance au moins de voir ses ennuis, ses
peines récompensés par l'obtention d'un reliquat. Il est,
du reste, de principe en droit que lorsqu'une personne
n'est tenue d'une obligation envers une autre que *propter
rem*, elle peut s'en affranchir en abandonnant la chose
au créancier. Ce principe est appliqué par l'article 699
du Code Napoléon. L'article 802 n'en est qu'une nouvelle application. Ce deuxième effet de l'acceptation
bénéficiaire n'est donc qu'une conséquence de la séparation de patrimoine que l'acceptation bénéficiaire
entraîne dans l'intérêt de l'héritier. Pour que ce délaissement libère l'héritier bénéficiaire des ennuis et des
dangers de l'administration, il faut qu'il porte sur tous
les biens sans exception aucune.

Au premier abord, on serait tenté de confondre ce
délaissement portant sur tous les biens avec une véritable
renonciation. Cette confusion, cependant, ne doit pas
avoir lieu; car autre chose est le délaissement, autre
chose, la répudiation. La preuve de cette différence se
trouve dans l'article 784, Code Napoléon. Comment la
répudiation peut-elle être faite? Pour être valable, elle
doit être faite expressément, au greffe, sur un registre
destiné à cet effet. Le délaissement, au contraire, n'est
soumis à aucune des conditions de l'article 784. Ce n'est

donc pas une répudiation expresse ; c'est encore moins une répudiation tacite, puisque la répudiation tacite est prohibée. (Art. 784.)

Cette distinction prouvée offre intérêt pratique à plusieurs points de vue :

1° Après le délaissement, l'héritier n'est pas assimilé à un héritier qui a renoncé, non, car une fois les créanciers et les légataires désintéressés, le reliquat, s'il y en a un, lui appartiendra. L'héritier qui a renoncé n'a aucun droit sur ce reliquat.

2° Quand l'héritier bénéficiaire délaisse, ni les créanciers, ni les légataires, pas plus que les cohéritiers ou héritiers du degré subséquent, n'ont aucun droit de mutation à payer à l'enregistrement. Il en serait autrement, si le délaissement était une renonciation.

3° Le délaissement, tel qu'il est organisé par le Code, ne dispense pas l'héritier bénéficiaire de l'obligation du rapport. Pothier le décidait déjà ainsi (Des succes., chap. III, sect. 3, art. 2, § 8), contrairement, il est vrai, à l'opinion de Lebrun. Si le délaissement était, au contraire, une véritable répudiation, l'héritier qui a délaissé ne devrait pas le rapport.

Nous pouvons assimiler ce délaissement de l'art. 802 à une véritable cession de biens dont l'effet est de remettre la possession des biens aux créanciers et aux légataires, afin que ceux-ci les fassent administrer en leur nom et tâchent d'obtenir leur paiement.

Ce délaissement est donc à la fois, de la part de l'héritier, l'abandon de la possession et de l'administration des biens de la succession. En faisant cet abandon, il doit rendre compte aux créanciers et légataires de son administration jusqu'à cette époque. Pothier le décidait déjà. *(Des succes.,* chap. iii, sect. 3, art. 2, § 8.) Cet abandon doit être fait à tous les créanciers et légataires indistinctement, et en l'absence de texte pour en prescrire la forme, je pense avec M. Demolombe qu'il suffirait d'une déclaration au greffe (tom. III, n° 215), et qu'il ne serait pas nécessaire, comme M. Chabot l'exige, de notifications individuelles à chaque créancier et légataire. (Chabot, art. 882, § 7.)

Le délaissement doit porter sur tous les biens de la succession, mais il ne doit porter que sur ceux-là, c'est-à-dire sur tous les biens qui appartenaient au *de cujus* lors de son décès.

L'héritier ne peut donc pas être obligé d'abandonner :

1° Les biens qui lui ont été donnés entre vifs par le défunt et dont il doit le rapport à ses cohéritiers, ni la part qu'il prend dans les biens rapportés par ceux-ci. (Art. 857, Cod. Nap.) Le rapport en effet n'est établi que pour maintenir l'égalité entre cohéritiers.

2° La part qu'il prend dans les retranchements opérés sur les donations entre vifs excédant la quotité disponible. Ces objets ne font pas partie de la succession, il n'y a droit qu'en sa qualité de réservataire. (Voir, du reste, l'art. 921, Cod. Nap.).

3° Le délaissement ne s'étend pas non plus au prix qu'il a retiré de la cession de ses droits successifs, ni aux réparations civiles qu'il a pu obtenir des meurtriers du défunt ; car, bien qu'il obtienne ces sommes à raison de sa qualité d'héritier, elles ne faisaient point partie de la succession ; en effet, les créanciers et légataires n'ont éprouvé aucun préjudice et leur garantie n'est pas diminuée. De même que l'acceptation bénéficiaire elle-même, le délaissement est purement individuel et facultatif et n'a d'effet que pour la part de celui qui le fait.

Une fois ces biens abandonnés, ce sera aux créanciers et aux légataires à s'arranger entre eux, comme M. Delvincourt le soutient, pour les soins à donner à cette administration. Au cas de désaccord entre eux, ce sera à la justice de nommer un curateur qu'elle chargera de cette administration. Le curateur ou les créanciers et les légataires unis devront observer, en général, les mêmes règles d'administration que l'héritier bénéficiaire lui-même, notamment pour la vente des biens. (Delvincourt, t. II, p. 33, note 4.)

Une fois cet abandon consommé, l'héritier ne peut y revenir et reprendre les biens qu'en désintéressant intégralement tous les créanciers et légataires. (Demolombe, t. III, n° 224, des Success.)

Troisième effet du bénéfice d'inventaire. — L'article 802 dispose : « L'effet du bénéfice d'inventaire est de donner à l'héritier l'avantage, etc... ; 2° de ne pas confondre ses biens personnels avec ceux de la succession et de conserver contre elle le paiement de ses créances. »

Ce nouvel effet n'est encore qu'une conséquence de la séparation, qu'opère l'acceptation bénéficiaire entre le patrimoine de l'héritier et celui du défunt.

Ce que l'article 802-2° dit des créances de l'héritier contre le défunt, disons-le de même des droits réels, d'une servitude par exemple, établie sur le fonds du *de cujus* au profit de l'héritier.

A l'inverse, la succession conserve contre l'héritier les créances et les droits réels qu'elle pouvait avoir.

Comme créancier, l'héritier doit avoir les mêmes droits que les autres créanciers héréditaires. S'il est créancier chirographaire, il viendra à la distribution par contribution au marc le franc; s'il est créancier hypothécaire ou privilégié, il exercera à leur rang ses privilèges et ses hypothèques. C'est ici le lieu de répéter les paroles de Justinien, qui attribuent à l'acceptation bénéficiaire l'effet dont nous parlons : « *Si vero et ipse contra defunctum habeat actiones, non hæ confundantur; sed similem cum aliis creditoribus per omnia habeat fortunam.* (Loi 22, Cod., *De jure delib.*, § 9.)

L'héritier bénéficiaire, comme tout autre créancier hypothécaire, aura donc le droit de surenchérir et de se rendre adjudicataire des biens de la succession (Pothier, chap. III, sect. 3, art. 2, § 1, *des Success.*), comme de purger l'immeuble dont il s'est rendu acquéreur des privilèges et hypothèques qui le grèvent [art. 2182, C. Nap.] (M. Labbé, *Revue critique de jurisprudence*, 1856, p. 216), tout comme le ferait un tiers étranger, eût-il même figuré à l'adjudication comme vendeur en sa qualité d'héritier bénéficiaire. En effet, en vertu du principe de non confusion, il est vrai de dire : *Heres sustinet duas personas.*

L'héritier bénéficiaire conserve les droits et actions qu'il avait contre le défunt; il en résulte qu'il peut exercer contre la succession une action en nullité ou en rescision d'un contrat qu'il aurait passé avec le *de cujus*. (Demolombe, *des Success.*, t. III, n° 185.)

Pothier (*des Success.*, chap. III, sect. 5, art. 2, § 7), en parlant de ce principe, que la confusion n'a lieu ni au profit, ni contre l'héritier bénéficiaire, en sorte qu'il reste en lui deux personnes distinctes, et que c'est le patrimoine du défunt qui surtout représente sa personne, résolvait avec beaucoup de netteté certaines questions qui, dans notre droit, doivent recevoir la même solution. Il décide, en effet, que l'héritier bénéficiaire peut revendiquer contre l'acheteur un immeuble à lui appartenant que le *de cujus* aurait vendu, sans craindre que l'acheteur puisse lui opposer, comme fin de non-recevoir, qu'il a succédé à l'obligation de garantie du vendeur; car, n'étant qu'héritier bénéficiaire, il conserve ses actions, « *non hæ confundantur actiones.* » Sa revendication sera donc admise; mais en lui résident deux qualités : s'il est propriétaire, il est aussi héritier du vendeur; héritier bénéficiaire il est vrai; comme tel, il sera condamné à la garantie, mais les dommages et intérêts alloués à l'acheteur évincé seront poursuivis contre la succession bénéficiaire. Pareille solution au cas où l'héritier bénéficiaire, créancier hypothécaire du défunt, intentera l'action d'interruption et l'action hypothécaire contre les détenteurs ayant acquis du défunt des héritages à lui hypothéqués. Il n'aura pas à craindre de se voir opposer la maxime : « *Quem de evictione tenet actio eumdem agentem repellit exceptio.* » Ces solutions doivent être admises dans notre droit en vertu du troisième effet du bénéfice d'inventaire. De même encore l'héritier bénéficiaire peut poursuivre des cautions qui ont répondu solidairement de la dette du défunt envers lui, et cela sans craindre la maxime plus haut citée. Mais, en vertu de sa double qualité, s'il est condamné à garantie, en qualité d'héritier bénéficiaire, « nul doute qu'il ne puisse renvoyer les acquéreurs à se pourvoir contre la succession en dommages et intérêts. » (Delvincourt, note 2, p. 98, t. II.) « Ce qui leur donne, comme nous dit M. Vazeille, droit au compte et à la distribution des valeurs de la succession. »

Non seulement l'héritier bénéficiaire conserve les créances qu'il avait contre la succession, mais il peut en acquérir de nouvelles. (Demolombe, t. III, n° 190, *des Success.*) En effet, pour lui, nous ne trouvons pas d'article analogue à l'art. 450, C. Nap., qui défend au tuteur d'acquérir des créances contre son pupille. C'est d'après les mêmes principes que l'on décide que l'héritier est subrogé de plein droit, lorsqu'il a payé de ses deniers propres les dettes de la succession (art. 1251, C. Nap.). Cette subrogation lui était déjà concédée dans l'ancien droit par Lebrun notamment, « pour l'encourager à démêler au plus vite les affaires de la succession (liv. III, ch. IV, n° 19, *des Success.*).

Sur le point de savoir contre qui l'héritier formera les demandes qu'il peut avoir à intenter contre la succession, l'article 996, Cod. de proc. civ., dispose : « Les actions à intenter par l'héritier bénéficiaire contre la succession seront intentées contre les autres héritiers ; et s'il n'y en a pas ou qu'elles soient intentées par tous, elles le seront contre un curateur au bénéfice d'inven-

taire nommé en la même forme que le curateur à la succession vacante. » (Art. 812, C. Nap.) Comme tout
autre créancier étranger, si l'héritier bénéficiaire est en
même temps débiteur et créancier de la succession, la
compensation aura lieu suivant les principes du droit
commun.

En aucun cas, la succession ni les autres créanciers
ne peuvent prescrire contre l'héritier bénéficiaire créancier les créances qu'il a contre elle (art. 2258, C. Nap.).

Lebrun le décidait déjà ainsi (liv. III, chap. iv, n° 25);
car l'héritier bénéficiaire possède les biens de la
succession qui forment le gage de sa créance.

Nous avons ainsi passé en revue les trois effets du bénéfice d'inventaire à l'égard des successeurs réguliers.
En dehors de ces trois effets posés dans l'article 802, et
à tous autres égards, l'acceptation bénéficiaire doit être
traitée comme une acceptation pure et simple. En effet,
l'acceptation bénéficiaire n'équivaut pas à une renonciation, c'est une acceptation. Les effets exorbitants de
cette acceptation doivent être restreints à leur terme ;
de là résultent plusieurs conséquences tant au point de
vue actif que passif.

Au point de vue actif : 1° l'héritier bénéficiaire a le
droit d'administrer l'actif de la succession, s'il le veut,
sauf pour lui l'obligation de rendre compte de son administration aux créanciers et aux légataires.

2° L'héritier bénéficiaire a le droit de disposer de
l'actif héréditaire, seulement il court le risque d'être
considéré comme héritier pur et simple par les créanciers et légataires.

3° L'héritier bénéficiaire pourra exiger de ses cohéritiers le rapport des libéralités qu'ils ont reçues du *de
cujus.* (Art. 857, C. Nap.)

Au point de vue passif :

1° L'héritier bénéficiaire est tenu d'administrer l'hérédité, à moins cependant qu'il ne préfère se décharger
des ennuis de cette administration en délaissant.

2° L'héritier bénéficiaire est tenu de rapporter les libéralités qu'il a reçues du *de cujus.* (Art. 843, C. Nap.)

§ 2.

Effets de l'acceptation bénéficiaire à l'égard des successeurs irréguliers.

Entre les successeurs réguliers et les irréguliers, il
existe deux différences notables :

La première résulte de la comparaison des art. 724
et 770, en ce qui a trait à la saisine. Pour les uns, la saisine est légale (art. 724) ; pour les autres, la saisine est
judiciaire. (Art. 770.) La seconde résulte de l'art. 724.
Les successeurs réguliers sont tenus de toutes les charges
de la succession, même *ultra vires.* Des dettes, cela ne
fait aucun doute. Mais *quid* des legs ? Ce mot charges
comprend-t-il les legs ? Est-il vrai, en d'autres termes,
que le successeur régulier soit tenu des legs *ultra vires
hereditatis ?* Non. Cela n'a jamais été admis, ni par le
droit romain, ni par le droit coutumier. Pour le droit
romain, l'existence même de la Falcidie et de la Trébellianique suffit pour prouver que jamais pareille théorie
ne fut admise, et qu'on n'argumente pas de la novelle I,
chap. II, de Justinien ; car ce n'est qu'à titre de peine,

pour n'avoir pas rempli les formalités édictées par la novelle, que l'héritier est tenu des legs *ultra vires.*

Dans le droit coutumier, c'est un point bien certain aussi, que l'héritier n'était jamais tenu des legs *ultra vires.* (Pothier, *Des succes.*, chap. v, art. 3, § 1.) Si les rédacteurs du Code avaient voulu innover, cette innovation eût du reste été fort regrettable, ils l'auraient certainement fait avec plus de bruit; or, aux travaux préparatoires, nous ne trouvons rien qui puisse laisser supposer de leur part l'intention d'innover; si cette intention eût existé dans le Code, nous trouverions un article pour le dire. On nous oppose bien l'art. 724 et le mot charges qui, dit-on, comprend les dettes et les legs; mais à cet article j'oppose l'art. 802 qui, en énumérant les effets du bénéfice d'inventaire, nous dit : « L'effet du bénéfice d'inventaire est de donner à l'héritier l'avantage de n'être tenu du paiement des dettes de la succession que jusqu'à concurrence de la valeur des biens qu'il a recueillis. » Des dettes, et c'était bien là cependant le cas de dire que, s'il n'a recours au bénéfice d'inventaire, l'héritier légitime sera tenu des legs, même *ultra vires.*

Opposons encore l'art. 1017 du Code Napoléon. L'hypothèque frappe seulement les biens de la succession en faveur des légataires, c'est donc qu'ils n'ont pour gage au plus que les biens de la succession.

Mais, du reste, pourquoi le successeur régulier paie-t-il les dettes du *de cujus ultra vires,* c'est parce qu'il représente le défunt, qu'il continue sa personne, et par conséquent reste obligé comme le défunt lui-même.

Est-ce parce qu'il continue la personne du *de cujus* qu'il paie les legs? Non, car le legs n'a jamais existé dans la personne de son auteur, et ne prend naissance qu'à sa mort.

Notons qu'il serait bizarre de supposer de la part d'un *de cujus* l'intention de faire une libéralité à un tiers avec les biens de son héritier.

Mais comment, dira-t-on, le légataire saura-t-il que l'héritier n'a pas assez pour le payer. Ce sera à lui héritier de le prouver, inventaire en main, s'il le peut. Tout ce que l'héritier risque ici, c'est de se voir opposer la preuve par commune renommée. Tout se réduira donc à une question de preuve.

En résumé, le successeur régulier est tenu des dettes *ultra vires*, des legs jamais qu'*intra vires*, sauf pour lui le droit de répudier la succession ou de l'accepter sous bénéfice d'inventaire, auquel cas, il n'est tenu même des dettes qu'*intra vires*.

Mais il en est autrement des successeurs irréguliers.

Ceux-ci ne sont tenus même des dettes de la succession qu'*intra vires hereditatis*, sans avoir besoin de recourir au bénéfice d'inventaire. A ce point de vue, le bénéfice d'inventaire est inhérent à leur titre même. La preuve se trouve dans l'art. 724, qui pour les successeurs irréguliers ne répète pas ces mots : « Sous l'obligation d'acquitter toutes les charges de la succession. »

Quel est le motif de ces deux différences que nous avons signalées entre les successeurs réguliers et irréguliers. Les héritiers réguliers sont réputés par la loi les continuateurs de la personne du *de cujus* à cause du

lien intime qui les unit au défunt, saisi de plein droit
de la possession de ses biens, de ses droits comme de ses
obligations ; en sorte qu'on peut dire qu'entre le *de cujus*
et son héritier légitime il n'y a pas discontinuité de personnes. Quant aux successeurs irréguliers, il n'existe à
leur égard entre eux et le *de cujus* aucun lien intime,
aucune solidarité de droits ni d'obligations. La preuve
de la vérité de ce motif se trouve dans les art. 756, 767
et 768 : « Les enfants naturels ne sont pas *héritiers*, »
par conséquent, ne sont pas continuateurs de la personne.
Art. 767 : « Lorsque le défunt ne laisse ni parent au
degré successible, ni enfants naturels, les biens de sa
succession appartiennent au conjoint non divorcé qui
lui survit. » Et art. 768 : « A défaut de conjoint survivant, la succession est acquise à l'Etat. »

Les successeurs irréguliers ne succèdent qu'aux biens ;
ils ne sont donc que successeurs aux biens.

Comme successeurs aux biens, n'étant tenus qu'*intra
vires*, il semble au premier abord que l'acceptation bénéficiaire leur soit inutile. Néanmoins elle leur sera très
utile à deux points de vue :

1º En acceptant sous bénéfice d'inventaire, le successeur irrégulier pourra se décharger de l'administration,
en délaissant les biens aux créanciers et aux légataires.
C'est l'application de l'art. 802-1º, *in fine*.

2º Le successeur irrégulier aura encore intérêt à faire
cette acceptation bénéficiaire, car par là il conservera
contre la succession le droit de réclamer les créances
et les droits réels qu'il peut avoir contre le *de cujus*, au
lieu de voir l'acceptation pure et simple en opérer la

confusion ou la consolidation Les héritiers irréguliers feront bien, malgré cela, de dresser un inventaire pour éviter toute contestation sur le *quantum* héréditaire.

Les héritiers institués par testament, ou par contrat de mariage, les légataires universels ou à titre universel ont-ils besoin d'accepter sous bénéfice d'inventaire pour n'être tenus des dettes de la succession qu'*intra vires*?

La solution précédente va nous aider beaucoup à résoudre cette nouvelle question. Pourquoi, avons-nous dit, les successeurs réguliers sont-ils tenus des dettes *ultra vires*? C'est pour ce motif, qu'ils sont dans la pensée de la loi considérés, à cause du lien intime qui les unit au défunt, comme les continuateurs de sa personne au point de vue actif et passif. Et les successeurs irréguliers, pourquoi ne sont-ils tenus qu'*intra vires hereditatis*? C'est parce qu'ils ne sont pas les continuateurs de la personne du *de cujus*, mais qu'ils ne sont, à proprement parler, que des successeurs aux biens. Les personnes que nous avons énumérées plus haut, légataires universels, donataires universels, etc., ne sont tenues de plein droit qu'*intra vires*. Car, d'après le Code, le légataire, même universel, l'héritier institué par testament, qui n'est qu'un légataire universel, ne sont pas continuateurs de la personne du *de cujus*. Sous l'art. 1002 du Code Napoléon dans les travaux préparatoires de sa rédaction, nous trouvons, en effet, que l'on repoussa, quant à la forme, les institutions d'héritiers du droit romain. Pour les rédacteurs du Code, les institutions d'héritiers comme les legs produisent des effets analogues; et l'on répète à l'envi la règle coutumière : « Que la loi seule fait les héritiers, et que la volonté de l'homme ne peut faire que des légataires; la loi seule fait des continuateurs du *de cujus*, la volonté de l'homme ne peut faire que des successeurs aux biens, « *Solus Deus heredem facere potest, non homo*, ou encore : *Nascuntur heredes, non gignuntur.* » N'étant donc que successeurs aux biens, les légataires universels, ou à titre universel, etc., ne sont tenus qu'*intra vires*, sans avoir besoin de recourir au bénéfice d'inventaire.

Des auteurs ont voulu introduire une distinction, suivant que le légataire universel est saisi de plein droit des biens légués, quand il n'y a pas d'héritiers à réserve, ou bien suivant qu'il n'est pas saisi de plein droit, au cas où il se trouve en concours avec des réservataires; il sera tenu, suivant ces auteurs, des dettes *ultra vires* dans la première hypothèse, ou seulement *intra vires* dans la seconde. (Art. 1004 et 1006, Code Nap.)

Je ne crois pas qu'il faille admettre cette distinction qui repose sur cette idée, qu'il y a connexité entre la saisine légale et l'obligation aux dettes *ultra vires*, ou la continuation de la personne du défunt.

Cette corrélation est une erreur : car, pourquoi les héritiers légitimes, par exemple, sont-ils tenus des dettes *ultra vires*? Ce n'est pas parce qu'ils sont saisis, mais parce qu'ils sont les continuateurs de la personne du *de cujus*.

Tous les héritiers légitimes qui continuent la personne du défunt sont saisis; mais la réciproque n'est pas vraie; tous ceux qui ont la saisine ne sont pas pour cela de vrais continuateurs de la personne. (Art. 1026, Code Napoléon.)

10

Pour prouver que le légataire universel, lui au moins, est tenu des dettes *ultra vires*, on objecte l'art. 1009, Code Napoléon, ainsi conçu : « Le légataire universel, qui sera en concours avec un héritier, auquel la loi réserve une quotité de biens, sera tenu des dettes et charges de la succession du testateur, personnellement pour sa part et portion, etc., » et surtout ce mot *personnellement*. Puisqu'il est tenu personnellement, il résulte de la combinaison des art. 1009 et 2092 : » Quiconque s'est obligé personnellement, est tenu de remplir son engagement sur tous ses biens mobiliers et immobiliers, » qu'il doit être tenu des dettes, même *ultra vires*.

Cette objection n'est pas sérieuse, car elle confond deux choses : l'étendue de la dette et la garantie de la dette.

On objecte ensuite le mot personnellement de l'article 1009, combiné avec l'art. 873, Code Napoléon. « Los héritiers sont tenus des dettes et charges de la succession, personnellement pour leur part héréditaire, etc. »

D'après l'article 873, supposons un héritier légitime recueillant 500 fr. d'actif et 1,000 fr. de passif. Cet héritier peut être poursuivi jusqu'à concurrence de 1,000 de passif, quoiqu'il ne profite que de 500. Et cela, dit-on, résulte de l'article 873. Or, l'art. 1009 est conçu dans les mêmes termes; il doit donc produire les mêmes effets à l'égard du légataire universel; car les mêmes termes doivent produire les mêmes effets. Donc, le légataire universel, comme l'héritier légitime, peut être poursuivi *ultra vires*, s'il ne recourt au bénéfice d'inventaire. Sans aucun doute, le légitime peut être poursuivi *ultra vires*, sauf acceptation bénéficiaire de sa part. Mais, est-ce en vertu de l'art. 873 ? Non ; mais c'est en vertu de l'art. 724 et du lien intime qui l'unit au défunt. Ce que dispose l'art. 873 par ce mot personnellement, c'est qu'il ne sera tenu que dans les limites de sa part et portion ; mais, dans ces limites, en sera-t-il tenu *ultra vires* ? C'est une autre question ; elle est résolue par l'art. 724. Il n'y a donc rien à conclure de l'identité des termes de l'art. 873 et de l'art. 1009.

Notons encore ici, que les personnes dont il s'agit feront bien de faire inventaire, pour éviter toute contestation sur le *quantum* héréditaire ; car, par une suite de leur négligence, elles pourraient être tenues *ultra vires*.

La jurisprudence cependant est formée en sens contraire. Aussi, conseillons-nous, en pratique, à un légataire d'accepter sous bénéfice d'inventaire.

Pour terminer complètement ce qui est relatif aux effets du bénéfice d'inventaire, il nous faut rechercher quels sont ses effets à l'égard des cohéritiers entre eux, et des créanciers et légataires de la succession entre eux aussi.

Effets du bénéfice d'inventaire à l'égard des cohéritiers entre eux.

Nous savons que le droit d'accepter bénéficiairement est individuel, et que de plusieurs héritiers d'un même défunt, l'un peut accepter bénéficiairement ; et l'autre purement et simplement. Le bénéfice d'inventaire ici ne change point les rapports des cohéritiers

entre eux. L'héritier bénéficiaire doit le rapport et le
rapport lui est dû. De même, la division des dettes
s'opère entre les cohéritiers, malgré l'acceptation bénéficiaire.

En effet, on ne peut rien alléguer de sérieux en présence de la généralité du texte des art. 1220 et 873,
Code Napoléon.

*Effets du bénéfice d'inventaire dans les rapports
des créanciers et légataires entre eux.*

Il est certain que la loi, à tort ou à raison, quand il
s'est agi de déterminer les effets du bénéfice d'inventaire, dans les rapports des créanciers entre eux, s'est
préoccupée de cette idée, que l'acceptation bénéficiaire
supposait un patrimoine insolvable, oubliant que, parfois, elle interdisait tout autre mode d'acceptation. En
vertu de la séparation que l'acceptation bénéficiaire
établit entre le patrimoine du *de cujus* et celui du défunt, les créanciers de celui-ci, ses légataires, sont désormais limités à un gage restreint qui, dans la pensée
de la loi, est insuffisant pour les désintéresser tous. Dé là,
elle a été amenée à considérer l'acceptation bénéficiaire
comme un naufrage commun, dont tous les créanciers
doivent subir les conséquences.

Il se produit ici quelque chose d'analogue à ce qui a
lieu en matière de faillite. Dans ces deux cas, où la loi
prévoit que tous les créanciers ne seront pas payés intégralement, elle a dû se préoccuper d'empêcher que,
quand ces faits se produiront, de faillite ou de déconfiture présumée comme au cas d'acceptation bénéficiaire,

quelques créanciers ne puissent frauduleusement se procurer des causes de préférence sur les autres. Pour cela, elle arrête invariablement les droits de chacun, du jour de l'ouverture de la succession.

L'art. 2146, Code Napoléon, dispose à cet égard :
« Les inscriptions se font au bureau de conservation des hypothèques, dans l'arrondissement duquel sont situés les biens soumis au privilége ou à l'hypothèque. Elles ne produisent aucun effet, si elles sont prises dans le délai pendant lequel les actes faits, avant l'ouverture des faillites, sont déclarés nuls. (Art. 445 et 448, Code de Commerce.) — Il en est de même, entre les créanciers d'une succession, si l'inscription n'a été faite par l'un d'eux que depuis l'ouverture, et dans le cas où la succession n'est acceptée que par bénéfice d'inventaire. »

Constatons que cette disposition est exorbitante du droit commun. Comment, sans qu'il y ait faillite ni déconfiture notoire du *de cujus*, par cela seul, que sa succession a été acceptée bénéficiairement, alors qu'elle est parfaitement solvable, au cas, par exemple, où l'acceptation bénéficiaire est forcée, un créancier à qui hypothèque a été valablement consentie par le *de cujus*, ne pourra plus prendre inscription après l'ouverture de la succession, et s'il l'a prise, elle n'aura aucun effet !

Cette disposition de l'art. 2146, exorbitante, doit donc être limitée à ses termes.

Cependant certains auteurs ont voulu induire de l'article 2146, en quelque sorte une assimilation entre la succession bénéficiaire et la faillite. Aussi admettent-ils, par exemple, que l'acceptation bénéficiaire rend exigibles les dettes passives non échues, tout comme la faillite. (Art. 444, Code de Commerce.)

Je ne crois pas qu'il faille admettre cette conséquence. Et d'abord, la disposition de l'art. 2146 est toute spéciale et exorbitante; en conséquence, elle ne saurait être étendue. Les créanciers à terme n'auront du reste aucunement à souffrir de la solution que nous adoptons; car, sous l'art. 808 Code Napoléon, nous leur reconnaîtrons le droit de former une opposition valable entre les mains de l'héritier, ce qui leur donnera, d'une part, l'assurance que le paiement sera fait en leur présence, et d'autre part, le droit de produire aux contributions et aux ordres, et de se faire colloquer, du moins éventuellement.

Cette exigibilité doit être repoussée avec d'autant plus de certitude, que le bénéfice d'inventaire est une faveur pour l'héritier, faveur qui ne doit pas être rétorquée contre lui. Singulière faveur, que de priver l'héritier bénéficiaire de l'avantage du terme, quand on considère que parfois même l'acceptation bénéficiaire est forcée.

Personne ne conteste que l'exigibilité des créances à terme n'ait lieu, si on suppose la succession réellement en faillite ou en déconfiture, mais c'est là une conséquence même de l'état de faillite ou de déconfiture.

TROISIÈME SECTION.

Administration de l'héritier bénéficiaire, ses droits et ses obligations comme administrateur. — Du Compte.

Sous l'article 802, Code Napoléon, nous avons vu que, relativement aux biens de la succession, l'héritier bénéficiaire peut en délaisser où conserver la possession et l'administration.

Nous avons étudié le délaissement ; abordons maintenant l'administration des biens de la succession par l'héritier bénéficiaire; quelle sera l'étendue de ses droits et de ses obligations? Cette étendue va dépendre évidemment du caractère général que nous allons reconnaître à cette administration. Nous avons déjà montré plus haut que l'administration des biens de la succession est pour le bénéficiaire un droit, car il est propriétaire; un devoir, car, en dehors des effets de l'article 802, il demeure investi de l'hérédité au point de vue actif et passif.

L'article 803, Code Napoléon, dit en effet dans sa première partie : « L'héritier bénéficiaire est chargé d'administrer les biens de la succession, et doit rendre compte de son administration aux créanciers et aux légataires. » C'est son droit, car il est héritier et propriétaire ; aussi je n'approuve pas la jurisprudence qui décide, que les tribunaux peuvent enlever à cet héritier bénéficiaire l'administration, suivant les circonstances, pour la confier à un tiers, quand même il n'y aurait aucune fraude ni faute grave à imputer à l'héritier.

C'est son devoir; car l'article 803 le soumet à la nécessité de rendre un compte de son administration.

Ce double caractère de l'administration de l'héritier bénéficiaire indiqué, dirons-nous qu'il doit administrer comme un mandataire ordinaire, non pas, car il est plus que mandataire ordinaire, il est propriétaire, éventuel du moins, de l'hérédité. Dirons-nous d'autre part qu'il pourra administrer comme propriétaire, non, car s'il est propriétaire, il n'est du moins que propriétaire éventuel.

Du double caractère de l'administration de l'héritier bénéficiaire, il résulte pour nous une nature mixte dans ses droits et ses obligations. Cette nature mixte entraîne des règles spéciales sur son administration.

Nous étudierons ces règles spéciales dans quatre paragraphes :

1° Quant à sa responsabilité ;

2° Quant aux garanties spéciales qu'il doit fournir ;

3° Quant à la disposition à faire par lui des biens héréditaires, meubles ou immeubles ;

4° Sur le mode de paiement des créanciers et des légataires.

§ 1.

Règles spéciales sur la responsabilité de l'héritier bénéficiaire.

L'article 803, Code Napoléon, dispose : « L'héritier bénéficiaire est chargé d'administrer les biens de la succession et doit rendre compte de son administration aux créanciers et aux légataires. Il ne peut être contraint sur ses biens personnels, qu'après avoir été mis en demeure de présenter son compte, et faute d'avoir satisfait à cette obligation. Après l'apurement du compte, il ne peut être contraint sur ses biens personnels que jusqu'à concurrence seulement des sommes dont il est reliquataire. »

Il est tenu d'administrer. Que doit comprendre cette administration ?

Pothier reconnaissait déjà à l'héritier bénéficiaire cette obligation d'administrer et de rendre compte. Voici les actes qu'il énumérait comme rentrant dans cette administration : « il doit faire payer les débiteurs de la succession, interrompre les prescriptions, faire passer de nouveaux titres, affermer les héritages, faire faire les réparations, soutenir les procès pour raison des biens de la succession, tant ceux commencés du vivant du défunt que ceux qui pourraient naître. »

Cette administration est encore la même pour l'héritier bénéficiaire sous le Code Napoléon ; tous ces actes que Pothier permettait à l'héritier bénéficiaire doivent aussi, sous le Code, lui être permis. Mais en dehors de ces actes, quels sont ceux qui lui seront permis, tout en restant héritier bénéficiaire, bien entendu ? Il est plus facile de déterminer spécialement ceux qui lui sont interdits et d'en déduire par un argument *a contrario* tous ceux qui lui sont permis, sous sa responsabilité. Sont complètement défendus à l'héritier bénéficiaire, en cette qualité, la disposition à titre gratuit entre vifs ou testamentaire, la dation en paiement d'un bien de la succession, la constitution d'une servitude sur un immeuble héréditaire (Demolombe, n° 381, tom. III, *Des succes.*), la constitution d'une hypothèque au profit d'un créancier à lui personnel ou d'un créancier de la succession, l'acceptation ou la répudiation d'une succession échue au *de cujus*, l'action en partage d'une succession faisant elle-même partie de la succession qu'il a acceptée bénéficiairement, la transaction, le compromis, l'acquiescement.

Parmi ces actes de disposition qu'il est interdit à l'héritier bénéficiaire de faire, tout en voulant conserver sa qualité de bénéficiaire, il en est qu'il peut être très utile, de faire, dans l'intérêt même de la succession.

Pour ceux-là, seront-ils complétement interdits à l'héritier bénéficiaire? Je ne le pense pas : la loi n'a pu le vouloir ainsi. L'ancienne jurisprudence fournissait deux moyens de lever cette difficulté, qui devront encore être appliqués aujourd'hui: le consentement des intéressés ou l'autorisation de justice. En l'absence de tout texte, on doit se référer au droit préexistant, et ici, on devra le faire avec d'autant plus de sécurité, qu'en cette matière, le régime bénéficiaire a été emprunté en grande partie à notre ancien droit coutumier. L'héritier pourra faire ces actes sus-mentionnés, tout en restant bénéficiaire, avec le consentement des créanciers et des légataires; mais ici, comme nous ne trouvons aucune majorité spéciale qui doive l'emporter dans la masse des créanciers, on se trouverait souvent arrêté par le mauvais vouloir d'un seul créancier.

En ce cas, pour lever le conflit, je crois qu'il suffira à l'héritier bénéficiaire de se faire autoriser par justice.

C'est, au surplus, l'opinion de M. Demante. (Art. 803, n° 126 *bis*, II, et de M. Demolombe, tom. III, n° 264.) *Il doit rendre compte.* (Art. 803, Cod. Nap.)

Car si c'est un droit pour lui d'administrer, c'est aussi un devoir; il est, à cet égard, mandataire des créanciers et des légataires; or, tout mandataire doit rendre compte.

La deuxième et la troisième partie de l'article 803 nous exposent des cas où l'héritier bénéficiaire qui, d'ordinaire, ne peut être poursuivi sur ses biens personnels, à raison des dettes de la succession, peut exceptionnellement l'être, c'est-à-dire lorsqu'il a été mis en demeure de rendre son compte, ou lorsqu'il est reliquataire d'une somme quelconque après l'apurement du compte.

Premier cas de responsabilité personnelle. — Un premier cas se présente lorsqu'il est en demeure de rendre compte; ce n'est pas à dire pour cela qu'il soit déchu du bénéfice d'inventaire. Non, l'article 803 ne dit pas cela. Il ne fait qu'autoriser des poursuites personnelles au profit des créanciers et légataires qui l'ont mis en demeure de rendre compte. En effet, ce retard constitue un délit civil, à la réparation duquel l'héritier est tenu en vertu du principe général de l'article 1382, Code Napoléon.

Mais comment l'héritier bénéficiaire sera-t-il mis en demeure?

La loi, à cet égard, ne détermine aucun délai; c'est une question que nous abandonnerons à la sagesse des tribunaux.

Le compte peut être requis par toute partie intéressée, créancier ou légataire ; car le compte n'est que la justification fournie à celui qui a quelque demande à faire contre la succession, que l'actif de la succession est épuisé, et que lui, héritier, ne peut plus désormais payer ceux qui se présenteront. Si tous les créanciers et légataires sont majeurs et maîtres de leurs droits, le compte sera rendu à l'amiable ; sinon, il le sera dans les formes prescrites par l'art. 527, Code de proc. civ. et 995 du même Code.

Deuxième cas de responsabilité personnelle. — C'est quand, après l'apurement du compte, l'héritier se trouve reliquataire ; ici, sa responsabilité, jusqu'à concurrence du montant de la somme dont il est reliquataire, se comprend d'elle-même.

Le compte de l'héritier se compose de deux chapitres, l'un de recettes, l'autre de dépenses. En recettes, il doit porter, selon la formule synthétique de M. Demolombe, tous les biens qu'il serait forcé d'abandonner, s'il voulait se débarrasser de l'administration; car ceux-là seulement forment le gage des créanciers et des légataires du défunt. (Demolombe, *Des succes.*, tom. I, n° 538.)

Le chapitre des dépenses comprend tous les déboursés légitimement faits par l'héritier, à savoir : les frais funéraires du défunt, les frais de scellés et d'inventaire, les droits de mutation qu'il a payés à la régie de l'enregistrement, les frais et dépens des procès qu'il a intentés ou soutenus justement, quand les tribunaux, usant du pouvoir à eux conféré par l'art. 152 du Code de proc. civ., ne l'ont pas condamné aux dépens en son

nom et sans répétition, au cas où, par exemple, il aurait compromis les intérêts de son administration , les
frais d'ordre et de distribution entre les créanciers, et
enfin les frais du compte lui-même. (Art. 810, Code
Nap.)

Dans l'ancien droit, l'héritier bénéficiaire n'était pas
admis à porter au compte les frais des lettres de bénéfice d'inventaire, et de leur entérinement ; car ces frais
étaient faits dans son intérêt personnel, non pas dans
celui de la succession. (Pothier, *Des succes.*, chap. III,
sect. 5, art. 2, § 6.)

Son administration est gratuite ; il ne serait donc pas
admis à porter au compte, à son profit, une somme pour
l'indemniser de ses peines et de ses soins ; car s'il a ad-
ministré, il pouvait ne pas administrer.

Troisième cas de responsabilité personnelle. — L'article 805 2° dispose : « Il peut conserver les meubles sans
être tenu de les vendre ; s'il les représente en nature,
il n'est tenu que de la dépréciation ou de la détériora-
tion causée par sa négligence. » C'est-à-dire, qu'il n'est
tenu de donner aucune indemnité aux créanciers, quand
les meubles ne se sont détériorés que par l'usage qu'il
en a fait.

Quatrième cas de responsabilité personnelle. — L'art. 804
dispose : « Il n'est tenu que des fautes graves dans l'administration dont il est chargé. »

Comme tout mandataire, il répond de ses fautes, mais
jusqu'à quelle concurrence ? En droit, on distingue les
fautes légères et les fautes graves. L'héritier n'est tenu
que de ces dernières. Pourquoi ? car il administre dans

l'intérêt des créanciers et des légataires, et dans le sien
propre ; on doit donc se montrer moins sévère à son
égard qu'à l'égard d'un mandataire ordinaire. Mais
quel sera le critérium de la légèreté ou de la gravité
de la faute ? *A priori,* on comprend deux bases servant
à apprécier la gravité d'une faute. On l'apprécie par
rapport aux soins et à la diligence qu'apporte un bon
propriétaire dans l'administration de ses biens ; on dit
de la faute alors qu'elle s'apprécie *in abstracto;* on peut
l'apprécier encore par rapport à la diligence, que celui
dont il s'agit d'apprécier le fait, apporte d'ordinaire à la
gestion de ses affaires propres et personnelles. La faute
est alors appréciée *in concreto.* De ces deux bases, laquelle admettre sous l'art. 804? Pothier appréciait à l'é-
gard de l'héritier bénéficiaire administrateur la faute *in
concreto;* il ne demandait en conséquence à l'héritier
bénéficiaire, pour les affaires de la succession, que la
même diligence qu'il apportait d'ordinaire aux siennes
propres. Sous le Code, nous devons apprécier la faute
in abstracto; c'est-à-dire que l'héritier bénéficiaire doit
apporter à l'administration qui lui est confiée tous les
soins d'un *bonus paterfamilias.* La preuve de cette solution se trouve dans l'art. 1137 du Code Napoléon. Ce
principe de l'art. 1157 est tempéré par l'art. 1992 du
même Code.

Quant à la question de savoir si, dans l'administration,
l'héritier s'est rendu coupable de fautes graves dont il
doive la réparation, c'est une question toute de fait
abandonnée à la sagesse des tribunaux.

§ 2.

Nous avons vu que dans l'ancien droit on accordait aux créanciers une hypothèque sur les biens de l'héritier comme sanction de son droit d'administration, et de son devoir de rendre compte.

Il n'en est plus question aujourd'hui.

L'art. 807 du Code Napoléon dispose : « Il est tenu, si les créanciers ou autres personnes intéressées l'exigent, de donner caution bonne et solvable de la valeur du mobilier compris dans l'inventaire, et de la portion du prix des immeubles non déléguée aux créanciers hypothécaires.

« Faute par lui de fournir cette caution, les meubles sont vendus, et leur prix est déposé, ainsi que la portion non déléguée du prix des immeubles, pour être employés à l'acquit des charges de la succession. »

L'héritier bénéficiaire doit fournir caution. Une caution, c'est une personne qui s'oblige à satisfaire l'obligation du débiteur, si celui-ci n'y satisfait pas lui-même. (Art. 2011, Code Nap.) Cette caution doit être bonne et solvable ; nous savons que la solvabilité d'une caution ne s'estime qu'eu égard à ses propriétés foncières, excepté en matière de commerce, ou lorsque la dette est modique. (Art. 2019, Code Nap.)

Cette caution, d'après l'art. 807, s'applique à deux objets : 1° à la valeur du mobilier compris dans l'inventaire, 2° à la portion du prix non déléguée, disons mieux, non payée, aux créanciers hypothécaires. Nous pouvons ajouter 5° aux sommes payées par les débiteurs du défunt. *A contrario*, elle ne garantit pas la valeur des immeubles qui se conservent plus facilement. Le but de cette caution est de garantir les objets plus haut énumérés, faciles à détourner, contre la dilapidation de l'héritier peut-être insolvable, ou tout au moins dont la fortune est difficile à discuter. Cette caution, dont parle l'art. 807, n'est imposée à l'héritier bénéficiaire que si les créanciers et les légataires la requièrent. Elle n'a, du reste, pas besoin d'être demandée par tous. Un seul des intéressés peut l'exiger, mais alors dans son intérêt seulement. (Art. 990, proc. civ.)

Cette obligation de donner caution pour l'héritier bénéficiaire est une garantie exorbitante du droit commun. L'héritier pur et simple n'est pas tenu de la fournir, car aucun texte ne lui impose cette obligation. Quelle est la raison de cette différence entre l'héritier pur et simple et le bénéficiaire ? Quand l'héritier accepte sous bénéfice d'inventaire, l'hérédité est supposée insolvable. Il est alors nécessaire de conserver les valeurs héréditaires, avec d'autant plus de sollicitude; qu'elles sont les seules sur lesquelles les créanciers et les légataires peuvent se payer. Il en est tout autrement quand l'héritier accepte purement et simplement.

Remarquons que cette caution est obligatoire pour tous les héritiers bénéficiaires, sur la réquisition des créanciers et légataires; elle s'applique donc même aux héritiers qui ne peuvent accepter que bénéficiairement.

Si la caution est insuffisante, l'héritier peut être admis à fournir un supplément de garantie.

.S'il ne peut trouver une caution, l'héritier bénéficiaire peut être admis, je crois, à donner une garantie
hypothécaire sur ses immeubles, pourvu qu'elle soit
suffisante. En effet, l'art. 2041 du Code Napoléon dispose : « Celui qui ne peut pas trouver une caution est
reçu à donner à sa place un gage en nantissement suffisant. »

A défaut par l'héritier de pouvoir fournir les garanties exigées de lui, il n'est pas déchu du bénéfice d'inventaire, mais les meubles sont vendus et la somme en
provenant, ainsi que la portion du prix des immeubles
non payée, ajoutons, les sommes payées par les débiteurs
du défunt, sont déposées, pour être employées à l'acquit
des charges de la succession, à Paris, dans la caisse des
dépôts et consignations; en province, dans les recettes
générales et particulières. (Art. 807, C. Nap.) Les articles 992, 993, 994 du Code de procédure civile, ainsi
que les articles 518 et suivants, auxquels les premiers
nous renvoient, règlent les formalités de la demande et
de la réception de caution.

§ 5.

Formalités de la vente des biens de la succession par l'héritier, sous bénéfice d'inventaire.

Les art. 805 et 806 du Code Napoléon disposent, le
premier quant aux meubles : « Il ne peut vendre les
meubles de la succession que par le ministère d'un officier public, aux enchères et après les affiches et publications accoutumées; » le second quant aux immeubles :

« Il ne peut vendre les immeubles, que dans les formes prescrites par les lois sur la procédure, il est tenu d'en déléguer le prix aux créanciers hypothécaires qui se sont fait connaître. »

Quels sont les droits de l'héritier bénéficiaire par rapport aux biens de la succession ?

Un premier point certain, c'est qu'il peut les conserver en nature. La vente pour lui n'est que facultative. Il sera déchargé de toute responsabilité personnelle, quand il les représentera en nature, sauf l'application de l'article 803-2°, Code Napoléon.

Cette faculté pour le bénéficiaire semble une faveur toute exceptionnelle. Elle s'explique en se rappelant, qu'à l'égard de l'hérédité qu'il administre, l'héritier bénéficiaire est propriétaire, éventuel du moins. Supposons que l'héritier veuille vendre, pour liquider la succession : pourra-t-il vendre comme il voudra ? Non; sur ce point les art. 805 et 806 lui assignent des formalités à suivre. Ces formalités ont pour but de prévenir les tiers de la vente qui va avoir lieu, afin de tirer le plus grand profit des biens de la succession, au moyen des enchères. Pour les meubles, il ne peut les vendre que par le ministère d'un officier public, aux enchères et après les affiches et publications accoutumées. (Art. 945 et 989, proc. civ.) Pour les meubles corporels, on suivra donc les formalités de la vente sur saisie. (Art. 617 et suiv., Cod. de proc. civ.)

Quant aux rentes sur particuliers, les formes posées dans les art. 636 et suivants (même Code).

Quant aux rentes sur l'État, elles se vendent à la

Bourse, par le moyen d'agents de change. Seulement, en vertu d'un avis du conseil d'Etat du 11 janvier 1808, pour les rentes supérieures à 50 francs, le transfert ne peut en avoir lieu qu'après autorisation de la justice.

De même, pour le transfert de plus d'une action de la Banque, il faut une autorisation de la justice. (Décret de 1813.)

Le Code est muet sur la vente des créances ordinaires et des actions industrielles. Peut-il les vendre de gré à gré ? Du silence de la loi, il semble que pleine liberté doive être laissée aux héritiers bénéficiaires. Cependant je crois que l'esprit de la loi s'y oppose. Comment, elle ne permet pas à l'héritier bénéficiaire de vendre, seul et sans formalités, un meuble de la succession, même de la moindre importance, et elle lui aurait laissé le droit de disposer de créances souvent fort importantes! Mais alors quelles formalités suivre? En l'absence de texte formel, je crois que l'héritier bénéficiaire fera bien, pour se mettre à l'abri de toute poursuite, et pour dégager sa responsabilité, de présenter requête au président du tribunal, pour qu'il fixe un taux.

Pour la vente des immeubles dépendant d'une succession bénéficiaire, les formalités sont énoncées dans les art. 987 et 988, Code de procédure civile. Ce dernier notamment renvoie à de nombreux articles du Code de procédure, qu'il rend applicables à la vente des immeubles.

Supposons que l'héritier bénéficiaire ait vendu soit les meubles ou les immeubles, sans observer les formalités imposées par les art. 805 et 806, etc.; il a vendu,

par exemple, à l'amiable. Quel sera le sort de cette
vente et la sanction de l'inobservation de ces formalités? — Quant aux meubles, d'abord; dans notre
ancienne jurisprudence, les articles 344 de la Coutume de Paris et 345 de celle d'Orléans, édic-
taient des formes à suivre pour la vente des meubles.
L'inobservation de ces formalités n'entraînait pas la nullité de la vente; mais l'héritier bénéficiaire, qui les
avait négligées était tenu, à l'égard des intéressés, à des
dommages-intérêts, résultant de ce que les meubles auraient pu être vendus au-delà de l'estimation. Dans la
coutume de Paris, ces dommages-intérêts consistaient
dans la crue de la prisée portée à l'inventaire, laquelle
crue, dite *parisis,* était du quart en sus de l'estimation.

Quant aux immeubles, la vente ne pouvait en être
faite qu'en gardant les formalités requises pour les
criées d'héritages. Si l'héritier a négligé ces formalités,
la vente sera-t-elle nulle? Lebrun le soutenait, et il op-
posait sur ce point la vente des meubles à celle des immeubles. Pothier, au contraire (chap. III, sect. 3,
art. 2, § 5, *des Succes.*), pensait que les créanciers ne
pouvaient avoir d'action pour faire casser une pareille
vente; car, qui a vendu? Un héritier propriétaire; la
vente est donc valable : mais les créanciers ne peuvent
souffrir de l'omission des formalités. Aussi, comme nous
dit Pothier, l'héritier court deux espèces de risques :

Le premier sera de perdre le prix quand il l'a payé à
des créanciers postérieurs à d'autres en hypothèque;
car, dans le compte qu'il rendra à ceux-ci, ils ne lui al-

loueront pas ce qu'il a payé à des créanciers postérieurs
à eux.

Le second, c'est que l'héritier pourra être exposé à
des recours en garantie de l'acheteur évincé sur les actions hypothécaires, soit des créanciers antérieurs non
payés, soit même postérieurs, qui, trouvant le prix trop
faible, évinceront l'acquéreur, en lui remboursant son
prix d'achat.

En pays de droit écrit, dans le ressort du parlement
d'Aix notamment, sans déclarer la vente nulle, on faisait supporter à l'héritier les dommages et intérêts cau-
sés aux créanciers par la vente faite sans les formalités
requises.

Ces conséquences, que l'ancien droit attribuait à
l'omission des formalités. étaient insuffisantes; car l'administration pour l'héritier bénéficiaire est un droit,
mais aussi un devoir. La sanction de cette omission doit
donc être plus rigoureuse. A en croire les termes des
art. 805 et 806, il semble que la vente soit nulle.
Non, la vente n'est pas nulle; la preuve s'en trouve
dans les art. 988 et 989, Code de proc. civ.

L'héritier bénéficiaire, en ce cas, est déchu de plein
droit du bénéfice d'inventaire ; car, c'est de sa part un
acte d'héritier pur et simple ; la preuve se trouve dans
l'art. 988 2° : « L'héritier sera réputé héritier pur et simple, s'il a vendu des immeubles sans se conformer aux
règles prescrites par le présent titre. » On a voulu argumenter des mots de l'art. 989, « à peine contre l'héritier
bénéficiaire, d'être réputé héritier pur et simple, » pour
en conclure que cette déchéance du bénéfice d'inven-

taire n'avait pas lieu de plein droit, mais seulement sur la réquisition des créanciers qui, s'ils y ont intérêt, peuvent laisser à l'héritier sa qualité d'héritier bénéficiaire.

Cet argument de mots n'est pas concluant, car ces mots peine et déchéance s'expliquent, selon nous, et dans notre système : car, c'est réellement à titre de peine et de déchéance, que la qualité d'héritier pur et simple lui est appliquée, quand, par exemple, malgré ces actes, il persiste à vouloir rester héritier bénéficiaire, contre l'intérêt des créanciers de la succession.

Nous allons, du reste, revenir à cette question dans quelques instants.

Que veulent dire ces mots de l'article 806 : « Il est tenu d'en déléguer le prix aux créanciers hypothécaires qui se sont fait connaître. »

La délégation est un mandat donné à une personne de toucher une somme dont le mandant est créancier.

Mais que vient-elle faire ici ? Cela se comprenait très bien sous un régime où les hypothèques étaient occultes. Il en était ainsi dans notre ancien droit. Sous un pareil régime, la purge des hypothèques était fort longue et fort coûteuse. Louis XV, en 1771, abrégea un peu ses formalités. L'acheteur d'un immeuble hypothéqué, pour arriver à la purge, déposait son contrat au greffe du bailliage, prévôté ou sénéchaussée, pendant deux mois, durant lesquels, les créanciers hypothécaires se faisaient connaître par une opposition ; et c'était entre les mains de ceux qui s'étaient fait connaître les premiers que l'acquéreur payait le prix d'acquisition. Sous un pareil

régime, l'héritier bénéficiaire devait déléguer le prix de
la vente aux créanciers hypothécaires qui s'étaient fait
connaître les premiers. Ces mots de l'article 806 ne se
comprennent plus sous le régime du Code, pas plus
qu'ils ne se comprenaient sous le régime de brumaire
an VII, c'est-à-dire sous un régime de publicité des hypothèques. Sous notre Code actuel, et surtout depuis la
loi de mars 1855, l'héritier bénéficiaire, qui ne paierait
pas d'abord les créanciers inscrits, s'exposerait de la
sorte à payer deux fois. Ces mots ne s'expliquent dans
l'article que par cette considération : à savoir, qu'à l'é-
poque de sa rédaction, bien qu'on fût sous le régime de
brumaire an VII, on ne savait pas quel régime on adop-
terait pour les hypothèques. Ces mots se comprenaient
d'autant mieux dans le projet, que son article 113,
aujourd'hui 806, était en corrélation parfaite avec
les articles 12 et suivants du titre VII des priviléges et
hypothèques du même projet. Cet article 806 est, du
reste, corrigé par l'article 991 du Code de procédure
civile, qui, lui, rentre bien dans le système de publicité
des hypothèques admis par le Code Napoléon. L'art. 991
dispose : « Le prix de la vente des immeubles sera distribué suivant l'ordre des priviléges et des hypothèques. » Cet article n'empêche pas, et cela fut même
dit dans les travaux préparatoires de sa rédaction, que,
si les créanciers privilégiés ou hypothécaires sont tous
maîtres de leurs droits, il puisse intervenir entre eux
un ordre amiable. Rappelons que l'héritier bénéficiaire
peut venir à collocation dans l'ordre, à son rang de priviléges ou d'hypothèques.

Nous avons vu comment la loi organise la vente des biens de la succession au profit des créanciers et légataires. D'après cela, on a pensé que les créanciers ne pouvaient pas saisir et faire vendre les biens de la succession. Et pour étayer cette opinion, on a cherché à assimiler l'héritier bénéficiaire aux syndics d'une faillite, à qui seuls, en vertu des articles 571 et 572 du Code de commerce, appartient la direction de la faillite, sous la surveillance cependant du juge commissaire; car on a voulu empêcher, dans l'intérêt de la masse, toute action individuelle des créanciers.

Mais je réponds : tout créancier, quel qu'il soit, a le droit, en principe, de saisir et faire vendre les biens de son débiteur (art. 2092, 2093 et 2204, C. Nap.), à moins, bien entendu, de dérogation formelle et expresse. Le Code de commerce contient, il est vrai, une de ces dérogations en matière de faillite; mais où en trouve-t-on une analogue en matière d'acceptation bénéficiaire ?

On a argumenté de l'article 2146 du Code Napoléon, qui, dit-on, dans sa disposition, assimile l'acceptation bénéficiaire à la faillite, et de là on a voulu en conclure l'assimilation de l'héritier · bénéficiaire aux syndics. Nous avons montré plus haut la portée exacte de l'article 2146, dont la disposition exorbitante ne doit pas être étendue. La portée de l'article 2146, c'est de déterminer les effets du bénéfice d'inventaire à l'égard des créanciers et des légataires entre eux; mais cet article n'a pas trait à notre question, qui est de savoir, si, par l'acceptation bénéficiaire, les poursuites individuelles contre les biens de la succession sont interdites aux créanciers.

D'autre part, l'assimilation qu'on prétend faire entre l'héritier bénéficiaire et les syndics est si peu vraie, si peu fondée, que pour les syndics la vente est forcée, elle n'est que facultative pour l'héritier bénéficiaire ; une caution est requise du bénéficiaire ; rien de semblable n'est exigé des syndics ; ils ne tiennent, du reste, pas leurs droits des mêmes personnes : l'un les tient de la loi, les autres de la main des créanciers.

Malgré l'acceptation bénéficiaire, les créanciers conservent donc tous leurs droits. Toutefois, si l'héritier avait pris l'initiative des poursuites, et qu'un créancier vînt à cette époque former une saisie qui n'aurait d'autre but que d'entraver en pure perte la procédure commencée par l'héritier, j'admets, comme tempérament, que les tribunaux devraient dans ce cas débouter le créancier de sa demande.

§ 4.

Modes de paiement des Créanciers et des Légataires.

Nous avons vu, quand la vente des immeubles hypothéqués a eu lieu, comment se répartit le prix qui en provient. (Art. 806, Cod. Nap., et 991, Cod. de proc. civ.) Il doit être distribué suivant l'ordre des privilèges et des hypothèques. Nous arrivons maintenant au paiement des créanciers du défunt sur les autres deniers de la succession, provenant de la vente des immeubles non hypothéqués, de la portion du prix des

immeubles hypothéqués non payée aux créanciers hypothécaires, des deniers trouvés dans la succession ou
payés par ses débiteurs, et enfin de la vente du mobilier. Cette masse, que j'appellerai chirographaire, sera
répartie d'après l'article 990, proc. civ. Si tous les
créanciers sont maîtres de leurs droits, la distribution
pourra être amiable; mais s'ils ne sont pas tous capables, ou s'ils ne s'entendent pas, alors a lieu la distribution par contribution. (Art. 656 et suiv., proc. civ.,
auxquels renvoie l'art. 990 précité.)

Il est deux principes qui dominent cette matière, et
qu'il ne faut pas oublier. Les légataires en premier lieu
ne peuvent jamais être payés avant les créanciers. C'est
l'application de cette maxime latine : « *Nemo liberalis
nisi liberatus.* »

En second lieu, entre les divers créanciers arrivant
sur cette masse chirographaire, les raisons de préférence
sont les privilèges (Renvoi au droit commun pour tout ce
qui a trait au rang des divers privilèges entre eux.
Art. 2094, 2096, 2097, Cod. Nap.)

Abordons maintenant l'étude des articles 808 et 809,
Code Napoléon. Le *de cujus* a laissé des créanciers et des
légataires.

Comment seront-ils payés?

Sur ce point, deux hypothèses sont possibles, et il nous
faut, avec les articles que nous étudions, les distinguer
avec soin :

1° Ou bien les créanciers et les légataires, n'ayant
pas confiance dans l'administration de l'héritier bénéficiaire, ont formé opposition à ce que les valeurs de la

succession soient réparties hors de leur présence. C'est le cas où il y a des créanciers opposants.

2° Ou bien les créanciers et les légataires, ayant pleine confiance dans l'héritier, n'ont formé aucune opposition à la délivrance des valeurs héréditaires entre les divers créanciers et légataires. C'est le cas où il n'y pas de créanciers opposants.

Première hypothèse. — Il y a des créanciers opposants. L'article 808-1° dispose : « S'il y a des créanciers opposants, l'héritier bénéficiaire ne peut payer que dans l'ordre et de la manière réglés par le juge. » (Voir au Cod. de proc. civ. les art. 990 et 992, 656 à 674, 749 à 780.)

Qui peut former opposition ? Les créanciers évidemment ; les légataires de même, car ils ont des droits. La loi doit leur assurer le moyen de les faire valoir. Seulement leur opposition ne mettra jamais obstacle au paiement des créanciers, mais elle rendra nécessaire au moins la distribution par contribution entre les légataires. Tous les créanciers et légataires peuvent former opposition, leurs créances ou leurs legs fussent-ils à terme ou conditionnels. (Arg. de l'art. 1180, Cod Nap.)

Pour que l'opposition soit valable, il faut et il suffit que l'opposant se soit fait connaître d'une manière juridique quelconque à l'héritier bénéficiaire. (Demolombe, tom. III, n° 299, *Des succes.*)

Supposons, étant donnés des créanciers opposants, que l'héritier bénéficiaire paie sans observer les formalités du Code de procédure. Les créanciers opposants, au préjudice de qui ont été faits ces paiements, ont-ils

un recours? Oui, car le paiement n'est pas valable.
(Art. 808, Code Nap.) Contre qui? D'abord contre l'héritier, car il est en faute, sa responsabilité personnelle
se trouve engagée. En recourant contre l'héritier, ils
peuvent recourir non seulement sur les biens de la succession qui restent entre ses mains, mais aussi sur ses
biens personnels. *(Art. 803, Code Nap.)* Et le *quantum*
de ce recours ne sera que l'équivalent du préjudice
souffert. Mais les créanciers au préjudice de qui a eu
lieu ce paiement, ont-ils un recours contre les légataires?
Oui (art. 809, *a fortiori*), car ceux-ci ne pouvaient
toucher qu'après paiement intégral des créanciers. Ont-
ils également un recours contre les créanciers payés?
Oui, car le paiement, dans le cas d'opposition, n'était
valable qu'à la condition d'être fait suivant l'ordre et de
la manière réglés par le juge.

Mais on peut dire que les créanciers ont reçu ce qui
leur était dû, et c'est ce qu'ils ne manqueront pas d'opposer au créancier qui recourra contre eux. On leur ré-
pondra victorieusement par l'art. 809, *a contrario sensu* :
En effet, de ce que les créanciers non opposants, qui ne
se présentent qu'après l'apurement du compte et le
paiement du reliquat, n'ont de recours à exercer que
contre les légataires, il en résulte *a contrario*, que les
créanciers opposants, se présentant avant l'apurement
du compte, alors que rien n'est définitif, ont droit
d'exercer leur recours, non seulement contre les légataires, mais encore contre les créanciers payés à leur
préjudice.

Ce recours est du reste conforme au principe, comme.

le fait observer M. Demolombe (tom. III, n° 303, *Des
succès.*), car, en vertu de l'art. 2146, les droits des créanciers et des légataires entre eux se trouvent arrêtés irrévocablement, en sorte que chacun n'a droit qu'à un dividende proportionnel au montant de sa créance. Si, par
le paiement, un créancier a reçu le montant intégral de
sa créance, ou tout au moins plus que ce dividende, il a
reçu plus qu'il ne lui était dû. Ce serait trop dur, injuste
même, de priver de ce recours un créancier qui a pris
toutes les précautions désirables, en formant opposition pour assurer son paiement.

De même, nous avons reconnu aux légataires le droit
de former opposition; comme sanction de ce droit, ils
auront un recours contre les légataires payés à leur préjudice. Et qu'on ne dise pas que l'art. 809 semble im-
plicitement leur refuser ce recours; car l'art. 809 ne
statue qu'au cas où il n'y a pas d'opposants.

Reste maintenant à déterminer la durée du recours.
Nous ne trouvons ici aucun délai spécial comme dans
l'art. 809. Aussi nous appliquerons les principes généraux du droit. (Art. 2262, Cod. Nap.) « Toutes les actions, tant réelles que personnelles, sont prescrites par
trente ans. » Cette durée ordinaire de trente ans se
trouve motivée par la faveur toute spéciale que méritent
ici ceux qui ont formé opposition, pour assurer leur
paiement.

Seconde hypothèse. — Il n'y a pas d'opposants. L'article 802-2° dispose : « S'il n'y a pas de créanciers
opposants, il paie (l'héritier) les créanciers et les légataires à mesure qu'ils se présentent. »

Et l'art. 809 continue : « Les créanciers non opposants, qui ne se présentent qu'après l'apurement du
compte et le paiement du reliquat, n'ont de recours à
exercer que contre les légataires. »

« Dans l'un et l'autre cas, le recours se prescrit par
le laps de trois ans, à compter du jour de l'apurement du
compte et du paiement du reliquat. »

Dans ce cas, l'héritier bénéficiaire paie, comme il
l'entend, les créanciers et les légataires. Par suite de ce
paiement, des créanciers ont été négligés ; ont-ils un recours contre l'héritier sur le reliquat des valeurs héréditaires? Évidemment oui, ces créanciers non payés
pourraient même débattre ce compte, s'il n'était pas
encore apuré. Mais ont-ils un recours sur les biens propres de l'héritier? Non, car il n'y a pas faute de sa part;
sa responsabilité personnelle n'est nullement engagée.
Peuvent-ils recourir contre les légataires? Oui , car
ceux-ci ne peuvent être payés au préjudice des créanciers. *Nemo liberalis, nisi liberatus.*

Enfin peuvent-ils recourir contre les créanciers déjà
payés. Sur ce point il est nécessaire de faire une sous-
distinction tirée de l'esprit de l'article et des travaux
préparatoires.

Ou bien : 1° les créanciers non payés ne se présentent qu'après l'apurement du compte et le paiement du
reliquat; dans ce cas, ils n'ont de recours à exercer que
contre les légataires qui ne peuvent jamais recevoir à
leur préjudice ; ils n'ont donc pas de recours contre les
créanciers déjà payés.

Ou bien : 2° les créanciers non payés se présentent

avant l'apurement du compte, peuvent-ils recourir contre les créanciers déjà payés? Oui; une première preuve
se tire de l'art. 809 *a contrario;* une seconde preuve, des
travaux préparatoires. Le projet contenait un article 97
où se trouvaient ces mots : « Ceux qui se présentent
avant l'apurement du compte, ont un recours subsidiaire contre les créanciers payés à leur préjudice. »
(Locré, t. X, p. 118.) La question ne faisait donc pas de
doute dans l'esprit des rédacteurs. L'article fut admis,
sauf le changement opéré sur la réclamation de
M. Tronchet, qui demanda que l'article distinguât entre
le cas où il y a des créanciers opposants et celui où il
n'y en a pas. L'art. 97 du projet fut donc admis sans
autre amendement. Dans notre Code, cette seconde partie de l'art. 97 du projet, devenu l'art. 809, n'existe
plus; elle a disparu on ne sait comment, probablement
par une erreur de copiste. On s'explique du reste cette
distinction qu'établissait l'art. 97, et que nous établissons encore aujourd'hui, entre le cas où le créancier
non payé se présente avant ou après l'apurement du
compte. En effet, tant que le compte n'est pas apuré,
terminé, tant que l'héritier est en train de payer, il n'y
a rien de définitif. On objecte que les créanciers ont
reçu ce qui leur était dû. Non, certes, en vertu du principe de l'art. 2146, ils ont reçu davantage; mais ce
n'est qu'une erreur de calcul; or, erreur ne fait pas
compte.

Quel sera ici le délai du recours des créanciers non
payés? « Dans l'un et l'autre cas, » dit l'art. 809-2°. Ces
mots se comprenaient à merveille dans l'art. 97 du pro-

jet, qui, en réalité, prévoyait deux cas : celui où les créanciers se présentaient avant l'apurement du compte, et celui où ils ne se présentaient qu'après. Ces mots de l'art. 809 nous amènent à compléter sa disposition actuelle par l'art. 97 du projet. Dans l'un et l'autre cas, le recours se prescrit par trois ans. Pourquoi ce bref délai? C'est que, quand il n'y a pas eu d'oppositions, les créanciers méritent moins de faveur; on ne pouvait, au surplus, laisser les créanciers antérieurement payés, et les légataires exposés à un recours trop long.

Il ne serait pas impossible que les créanciers non payés puissent agir par l'action Paulienne (art. 1167, Code Napoléon); dans ce cas, alors, le recours aurait la même durée que l'action Paulienne.

Les créanciers hypothécaires, non désintéressés complètement sur le prix de la vente des immeubles à eux hypothéqués, viennent, pour le surplus de leur créance, concourir sur la masse chirographaire et obtenir un dividende proportionnel à ce qui leur reste dû. Si on a vendu d'abord les immeubles, pas de difficultés. S'il se trouve un créancier qui ne soit pas complètement désintéressé, il a la ressource de pouvoir venir, pour cet excédant, à la distribution par contribution.

Les créanciers chirographaires sont donc intéressés à ce que l'ordre précède la distribution.

Mais si on vend d'abord les meubles, comment règlera-t-on les droits des créanciers hypothécaires, du dernier hypothécaire, par exemple, qui a intérêt à ce que les créanciers hypothécaires, antérieurs à lui, désintéressés en partie par la distribution par contribution, absorbent d'autant moins sur le prix de l'immeuble, et lui permettent de venir utilement à l'ordre. Ce créancier a donc intérêt à ce que la distribution précède l'ordre.

Ce cas est prévu, en matière de faillite, par l'art. 552 et suivant (Code de comm.). Nous ne doutons pas qu'il ne faille faire ici l'application de cet article. La disposition qu'il édicte, spécialement au cas de faillite, est tellement rationnelle, qu'il faut facilement l'étendre aux cas analogues. (Demante, tome III, n° 150; — Demolombe, tome III, n° 355, des Success.; — Duranton, tome VII, n° 54 bis.)

QUATRIÈME SECTION.

Causes de nullité et de déchéance de l'acceptation bénéficiaire.

Séparons de suite les cas de nullité qui ne sont que des applications des principes du droit commun.

L'acceptation bénéficiaire peut être annulée :

1° Pour incapacité; l'art. 776, Code Napoléon, dispose : « Les femmes mariées ne peuvent pas valablement accepter une succession, sans l'autorisation de leur mari ou de justice, conformément aux dispositions du chapitre VI du titre du mariage.

Les successions échues aux mineurs et aux interdits, ne pourront être valablement acceptées, que conformément aux dispositions du titre de la minorité, de la tutelle et de l'émancipation. » (Art. 217, 219, 461 et suivants, 484, 509, Code Napoléon.)

Une femme mariée a besoin de l'autorisation du mari ou de justice, pour accepter une succession, soit purement ou simplement, soit même sous bénéfice d'inventaire.

En principe, le mari ne peut accepter seul une succession échue à sa femme. Mais, si celle-ci refusait d'accepter une succession à elle échue, le mari, intéressé à ce que cette acceptation soit faite, pourrait l'accepter sans sa femme, et même sans son consentement; car la femme ne peut nuire ainsi aux intérêts de son mari. (Chabot, art. 776, n° 2.)

2° Pour dol (art. 783, Code Napoléon);

3° Pour violence (même art. 783);

4° Pour lésion, dans le cas exceptionnel prévu par l'art. 783, Code Napoléon.

Quant aux cas de déchéance du bénéfice d'inventaire, ils proviennent soit de la renonciation de l'héritier bénéficiaire, renonciation expresse à profiter du bénéfice d'inventaire, soit de la renonciation tacite qui s'induit d'actes que l'héritier n'a pu faire valablement, qu'en lui supposant l'intention formelle de renoncer à son bénéfice.

Que l'héritier bénéficiaire puisse renoncer expressément au bénéfice d'inventaire, quand, par exemple, dans un acte authentique ou privé, il déclare son intention d'y renoncer, ou bien quand, dans un acte, il prend la qualification d'héritier pur et simple, cela ne fait pas de doute pour nous; car, c'est un bénéfice introduit en sa faveur, or, toute personne peut se départir d'un bénéfice introduit en sa faveur. En effet, c'est dans le seul intérêt de l'héritier, que nous avons vu Justinien introduire le bénéfice d'inventaire par la loi 22. C'est également dans le seul intérêt de l'héritier, que l'ancien droit français admit l'acceptation bénéficiaire.

Que l'héritier bénéficiaire pût se départir de ce bénéfice, c'était là une opinion aussi unanimement consacrée par nos anciens docteurs. (Merlin, *Répert. de Jurisprud.*, tome XV, addit. *V°*, bénéfice d'inventaire ; — Montvallon, *Traité des Succes.*, chap IV, art. 8.)

Que le bénéfice d'inventaire soit encore, sous le Code Napoléon, une faveur pour l'héritier, c'est évident, le mot même l'indique : c'est un bénéfice introduit dans le seul intérêt de l'héritier. Nous en trouvons, de plus, la preuve dans les travaux préparatoires. « On ne doit pas laisser nécessairement, dit M. Treilhard dans son *Exposé de motifs*, l'héritier entre la crainte d'une ruine totale par une acceptation hasardée, et la certitude d'un dépouillement absolu par une renonciation méticuleuse. » C'est donc comme institution prévoyante, pour sauvegarder les intérêts de l'héritier, que les rédacteurs du Code admirent ce bénéfice. C'est, de plus, uniquement au point de vue de l'avantage de l'héritier que la loi en règle les effets (art. 802, C. Nap.). C'est donc au point de vue des intérêts de l'héritier qu'elle édicte cette séparation de patrimoine dont découlent les trois effets du bénéfice d'inventaire ; ce qu'elle se contente de faire pour les créanciers et les légataires du dé-

funt, c'est que cette séparation du patrimoine de l'héritier n'entraîne pas pour eux des conséquences funestes.
Voilà tout : la séparation de patrimoines qu'édicte en
principe l'art. 802 n'est donc pas établie en faveur des
créanciers et des légataires; elle diffère de celle qui peut,
d'après l'art. 878, C. Nap., être demandée par les
créanciers du défunt : elle a ses conditions à part, ses
effets à part. Il est vrai que, tant que l'héritier entendra
conserver la faveur que la loi lui accorde, tant donc qu'il
restera héritier bénéficiaire, tant que l'action sur ses
biens propres sera interdite aux créanciers, par récipro-
cité il sera juste que les créanciers de la succession, limités à un patrimoine restreint, ne viennent pas subir
le concours des créanciers de l'héritier ; mais une fois
que cette séparation de patrimoines favorable pour l'héritier cessera par sa renonciation à son bénéfice, la confusion des deux patrimoines aura lieu rétroactivement
au jour de l'ouverture de la succession (art. 777, Cod.
Nap.), si toutefois les créanciers du défunt n'ont pas eu
soin de conserver leurs droits au moyen de la faveur que
la loi leur accorde, aux conditions des articles 878 et
2111.

Cet avantage du bénéfice d'inventaire pour l'héritier
n'est donc établi que par voie de conséquence aux
créanciers de la succession. (Demante, t. III, art 802,
n° 125 bis, t.)

S'il peut renoncer expressément, il peut aussi renoncer tacitement; or, il sera réputé renoncer tacitement,
quand il fera des actes qu'un héritier pur et simple seul
peut faire.

La loi attache cette déchéance reposant sur une idée de renonciation tacite à deux hypothèses spécialement prévues :

1° Au cas de détournement ou de recel, commis dans l'inventaire des effets de la succession (art. 801, C. Nap.), pourvu que ces actes aient été faits frauduleusement ;

2° Au cas de vente des immeubles et des meubles de la succession, sans l'observation des formalités des articles 988 et 989 du Code de procédure civile ; nous les avons expliqués plus haut.

On argumente de ces articles pour soutenir que jamais l'héritier bénéficiaire ne peut renoncer à son bénéfice, contre l'intérêt des créanciers. Voyez-vous, dit-on, ces articles considèrent la déchéance comme une peine, l'héritier bénéficiaire serait donc non admis à se prévaloir d'une peine ; de ce caractère de pénalité on en déduit, en outre, qu'il est loisible aux créanciers de demander ou non cette déchéance, suivant qu'ils y ont intérêt ou non.

Si cette solution était vraie, il faudrait admettre que les créanciers pourraient demander la nullité des ventes dénuées de formalités, et on en est arrivé là. C'est excessif en présence du texte des deux articles.

Mais cette idée de pénalité n'est pas, assurément, tirée de l'article 988. « L'héritier bénéficiaire, qui n'observe pas les formalités de la vente des immeubles, sera réputé héritier pur et simple, » sera réputé acceptant purement et simplement, parce que la loi présume de sa part l'intention de renoncer à son bénéfice.

Quant à ces mots *à peine* de l'article 989, nous les

avons expliqués plus haut, en disant qu'ils se comprennent; car cette déchéance peut intervenir à titre de peine, demandée par les créanciers contre l'héritier qui prétend avoir fait ces actes, sans avoir eu l'intention de renoncer à son bénéfice.

M. Demante explique, du reste, cette différence de rédaction entre l'article 988 et 989 en ce que, dit-il, à propos de la vente des meubles « cette formule peut se traduire dans le sens d'une disposition simplement comminatoire, que les tribunaux resteraient maîtres d'appliquer ou non, suivant les circonstances; car une vente de mobilier, quoique faite à l'amiable, n'excède pas essentiellement les limites de l'administration, et ce peut même être un acte de très bonne administration. » M. Demolombe adopte cette solution qui, je le crois aussi, est parfaitement raisonnable, et de plus, conforme aux textes. (Demolombe, t. III, n° 575, *Des succes.*) Les créanciers du défunt ne seraient pas admis à se plaindre de notre solution, à dire, par exemple, qu'ils comptaient sur la séparation de biens temporairement produite par le bénéfice d'inventaire, et qu'il n'est peut-être plus temps pour eux de former leur demande en séparation de patrimoine. On leur répondrait qu'ils pouvaient s'attendre à ce résultat; tant pis pour eux, ils n'avaient qu'à prendre leurs précautions en temps utile, et ils pouvaient même requérir l'inscription pendant le bénéfice d'inventaire pour conserver leurs droits sur les immeubles. (Art. 2111 et 2146 combinés.) Ils ne font ici que subir les conséquences de leur négligence. Ce n'est pas à l'héritier à con-

server les droits des créanciers de la succession bénéficiaire.

Outre ces deux cas prévus, quels sont en général les
actes dont la loi induira, de la part de l'héritier, renonciation au bénéfice qu'elle lui accorde ? La loi est muette,
elle laisse donc un grand arbitraire aux tribunaux.
Mais je crois que devront emporter déchéance du bénéfice d'inventaire tous actes volontaires d'aliénation, de
disposition définitive, susceptibles de préjudicier aux
créanciers et aux légataires. Tels sont, en général, les
actes pour lesquels nous avons conseillé à l'héritier administrateur, qui veut les faire sans danger, de demander
à la justice son autorisation.

Les effets de la cessation du bénéfice d'inventaire sont
faciles à saisir. L'héritier renonçant ou déchu est réputé
héritier pur et simple du jour de l'ouverture de la succession. (Art. 988 et 989, pr. civ., et 777, Cod. Nap.
combinés.)

La confusion des deux patrimoines s'opère rétroactivement; les créanciers de la succession ne peuvent repousser les créanciers de l'héritier du patrimoine
de l'hérédité, à moins qu'ils n'aient satisfait aux conditions à eux imposées pour obtenir la séparation de
patrimoines (art. 878 et 2111, Cod. Nap.) Tous les autres
effets de cette cessation du bénéfice d'inventaire découlent de ce principe de rétroactivité au jour de l'ouverture
de la succession que nous avons reconnu à la renonciation expresse ou tacite de l'hérédité.

POSITIONS

---◆◇◆---

Droit Romain.

I.

L'héritier sien, qui veut jouir du bénéfice d'abstention, ne le peut pas, à proprement parler, de plein droit;
il faut de sa part une déclaration.

II.

A défaut d'inventaire, l'héritier perd sa légitime.

III.

A défaut d'inventaire, l'héritier chargé de restituer
toute l'hérédité, c'est-à-dire chargé d'un fidéicommis
universel, ne peut retenir la quarte Trébellianique.

Droit Français.

DROIT CIVIL.

I.

L'acceptation bénéficiaire ne peut être interdite par
la volonté du *de cujus*.

II.

L'héritier légitime, qui s'est abstenu de prendre parti

pendant trente années, à partir du décès du *de cujus*,
est réputé héritier pur et simple.

III.

Un jugement passé en force de chose jugée, con-
damnant l'héritier en qualité d'héritier pur et simple,
n'a qu'un effet relatif, limité aux parties engagées dans
l'instance.

IV.

Le délaissement que l'article 802-1° autorise au profit
de l'héritier bénéficiaire, ne doit pas être assimilé à une
véritable renonciation.

V

L'héritier bénéficiaire peut se rendre adjudicataire
des immeubles de la succession, et cela alors même
qu'il eût figuré à l'adjudication comme vendeur, en sa
qualité d'héritier bénéficiaire.

VI.

L'héritier, même légitime, n'a pas besoin de recourir au bénéfice d'inventaire pour n'être tenu des
legs qu'*intra vires hereditatis*.

VII.

L'acceptation bénéficiaire, par elle seule, ne rend pas
exigibles contre la succession les créances à terme.

VIII.

Les successeurs irréguliers n'ont pas besoin d'accep-

13*

ter sous bénéfice d'inventaire pour n'être tenus des dettes qu'*intra vires*.

IX.

Les héritiers institués par testament ou par contrat de mariage, les légataires universels ou à titre universel n'ont pas besoin d'accepter sous bénéfice d'inventaire pour n'être tenus des dettes qu'*intra vires*.

X.

L'acceptation bénéficiaire n'empêche pas la division des dettes de s'opérer.

XI.

Les créanciers conservent, malgré l'acceptation bénéficiaire de l'héritier, leur droit de poursuites individuelles.

XII.

Les créanciers non payés, qui se présentent avant l'apurement du compte et le paiement du reliquat, ont un recours contre les créanciers payés à leur préjudice, même au cas où il n'y a pas eu d'oppositions.

XIII.

L'héritier qui a accepté une succession sous bénéfice d'inventaire peut, contre l'opposition et l'intérêt des créanciers héréditaires, revenir au régime de l'acceptation pure et simple.

DROIT ADMINISTRATIF.

I.

Une commune ne peut pas se pourvoir en cassation, sans une autorisation préalable du Conseil de Préfecture.

II.

L'autorité judiciaire n'a pas qualité pour élever le conflit et revendiquer une affaire de sa compétence portée devant l'autorité administrative.

III

Le sénat conservateur n'a pas le pouvoir d'annuler, pour inconstitutionnalité, un jugement émanant de l'autorité judiciaire.

DROIT COMMERCIAL.

I.

Le billet à domicile n'est pas par lui-même, comme la lettre de change, un acte de commerce.

II.

L'association en participation ne constitue pas une personne morale.

III

Le porteur d'une lettre de change est propriétaire de la provision.

DROIT CRIMINEL.

I

Dans l'hypothèse de l'article 379 (Inst. crim.), si la peine la plus grave a été prononcée pour un premier fait, le principe de non cumulation n'empêche pas la poursuite et la condamnation du second fait ; et, dans ce cas, la non cumulation n'a lieu que dans l'exécution.

II

La condamnation prononcée contre un mineur de seize ans, sans avoir préalablement statué sur la question de savoir s'il a agi avec ou sans discernement, peut donner lieu à cassation.

La thèse du prodocteur Carmagnol, sur le *Bénéfice d'inventaire*, sagement conçue et développée, m'a paru ne renfermer, d'ailleurs, aucune proposition condamnable au point de vue de l'ordre public et des bonnes mœurs.

Dijon, le 22 mars 1865.

Le Doyen,
L.-R. MORELOT.

Permis d'imprimer :
Le Recteur,

L. MONTY.

Contraste insuffisant

NF Z 43-120-14